Die Wüstenväter des 4. Jahrhunderts waren die frühesten christlichen Einsiedler, die sich auf der Suche nach Erlösung oder Erleuchtung in die Wüstenregionen Ägyptens, Palästinas, Arabiens und Persiens zurückzogen. Ihr Gang in die Wüste war nicht nur eine bewußte Loslösung von den Einflüssen der weltlichen Gesellschaft, sondern aus Sorge um die Erhaltung einer authentischen Nachfolge Christi auch ein Protest gegen die entstehenden Strukturen eines »institutionalisierten« Christentums.

In ihrer Suche nach direkter innerer Erfahrung des Göttlichen, ihrer Betonung einer bewußt gelebten Einfachheit und an den Erfordernissen des Augenblicks orientierten alltäglichen Spiritualität sowie der Kunst, ihre tiefgründigen Einsichten in prägnanten Aussagen voller hintergründigem Witz auf den Punkt zu bringen, standen sie zwischen den Yogis und Zen-Meistern des Fernen Ostens und den späteren christlichen Mystikern. Doch wo die Aussagen vieler christlicher Mystiker auf für moderne Leser befremdliche Weise von mittelalterlicher Theologie überformt sind, ist die urchristliche Weisheit der Wüstenväter von einer erfrischenden Unmittelbarkeit und bis heute ungebrochenen Aktualität.

Thomas Merton hat in diesem Band die schönsten Sprüche, Anekdoten und Lehrgeschichten der Wüstenväter aus den alten Quellen zusammengestellt und in eine moderne Sprache übertragen.

Der Trappistenmönch *Thomas Merton* (1915–1968) hat sich intensiv mit der fernöstlichen Weisheit auseinandergesetzt und diese zusammen mit den Lehren der christlichen Mystiker als Inspiration für eine Wiederbelebung der kontemplativen Tradition im Christentum herangezogen. Er schrieb um die 60 Bücher, von denen etliche auch in deutscher Übersetzung erschienen sind.

Thomas Merton

Die Weisheit der Wüste

Aus dem Amerikanischen
von Hans-Georg Türstig

Fischer
Taschenbuch
Verlag

Spirit
Herausgegeben von
Stephan Schuhmacher

Deutsche Erstausgabe
Veröffentlicht im Fischer Taschenbuch Verlag GmbH,
Frankfurt am Main, Februar 1999

Die amerikanische Originalausgabe erschien 1970
unter dem Titel ›The Wisdom of the Desert‹
im Verlag New Directions, New York
© The Abbey of Gethsemani, Inc.
Für die deutsche Ausgabe:
© Fischer Taschenbuch Verlag GmbH, Frankfurt am Main, 1999
Satz: Fotosatz Otto Gutfreund GmbH, Darmstadt
Druck und Bindung: Clausen & Bosse, Leck
Printed in Germany
ISBN 3-596-14255-5

Vorbemerkung des Autors

Diese Sammlung von Aussprüchen aus den Weisungen der Väter (*Verba Seniorum; Apophthegmata Patrum*) soll keineswegs eine wissenschaftliche Abhandlung sein. Es handelt sich vielmehr um eine freie und ungezwungene Herausgabe von Geschichten, die auf unterschiedlichen lateinischen Versionen beruhen. Dabei wird keine bestimmte Ordnung eingehalten, und auch die jeweiligen Quellen werden nicht genannt. Das Buch soll einzig und allein dem Interesse und der Erbauung seiner Leserinnen und Leser dienen. Mit anderen Worten, ich hatte das Gefühl, ich sollte als Mönch des zwanzigsten Jahrhunderts frei genug sein, mich desselben Privilegs zu bedienen, das Mönche in früheren Zeiten genossen: Ich habe meine ganz eigene kleine Sammlung geschaffen, ohne besondere Systematik, Ordnung und Absicht, allein um der Geschichten selbst, um sie mit meinen Freunden teilen zu können. Solche Bücher entstanden schon immer auf diese Weise.

Als die erste Fassung dieses Buches vorlag, gab ich sie meinem Freund Victor Hammer, der auf seiner Handpresse in Lexington, Kentucky, eine außergewöhnlich schöne, limitierte Auflage davon druckte. Danach beschlossen wir, diese Ausgabe ein wenig zu erweitern und die Einleitung neu zu schreiben, so daß der Verlag New Directions eine erweiterte Neuauflage herausbringen konnte. Diese liegt Ihnen jetzt vor. Ich hoffe, daß dieses Buch trotzdem seinen ursprünglichen spontanen, ungezwungenen und persönlichen Charakter behalten hat. Diese Ungezwungenheit beeinträchtigt natürlich in keiner Weise die Weisheit, sondern garantiert vielmehr, daß die Geschichten in ihrer ganzen

Anschaulichkeit und Unmittelbarkeit so authentisch, frisch und lebendig bleiben, wie sie es immer waren. Mögen alle, die solche Aussprüche benötigen und genießen, ermutigt sein, anhand des Geschmacks dieses klaren Wassers dem Bach bis zu seiner Quelle zu folgen.

Die Weisheit der Wüste

Im vierten Jahrhundert n. Chr. waren die Wüsten Ägyptens, Palästinas, Arabiens und Persiens von Menschen bevölkert, die heute einen seltsamen Ruf haben. Es waren die ersten christlichen Einsiedler, die die Städte der heidnischen Welt verließen, um in der Einsamkeit zu leben. Warum? Es gab viele verschiedene Gründe, doch kann man sie alle in einem Wort zusammenfassen: die Suche nach »Erlösung«. Und was war diese Erlösung? Sicher nicht etwas, das sie in rein äußerlicher Anpassung an die Gewohnheiten und Vorschriften einer sozialen Gruppe suchten. Schon damals waren sich die Menschen des ganz individuellen Charakters von »Erlösung« deutlich bewußt geworden. Sie sahen die Gesellschaft – und das bedeutete eine heidnische Gesellschaft, die beschränkt war durch den Horizont und die Aussichten eines Lebens »in dieser Welt« – als ein Schiffswrack an, von dem aus jeder einzelne um sein Leben schwimmen mußte. Wir brauchen hier nicht im einzelnen zu diskutieren, ob diese Ansicht richtig war. Wir sollten nur nicht vergessen, daß dies eine Tatsache war. Diese Menschen glaubten daran, daß es schlicht und einfach eine Katastrophe war, sich treiben zu lassen und passiv die Grundsätze und Werte dessen zu akzeptieren, was sie als Gesellschaft kannten. Die Tatsache, daß der Kaiser jetzt ein Christ war und daß die »Welt« das Kreuz als Zeichen weltlicher Macht kennenlernte, bekräftigte ihren Entschluß nur noch.

Es sollte uns eigentlich recht seltsam vorkommen, daß diese paradoxe Weltflucht ihre größte Dimension (fast hätte ich gesagt: Raserei) gerade dann annahm, als die »Welt« ganz offiziell christlich wurde. Diese Männer glaubten wohl, wie auch heutzutage einige seltene Philosophen wie Berdaev, daß es eigentlich keinen »christlichen Staat« geben könne. Sie bezweifelten anscheinend, daß das Christentum und die Politik sich jemals so vermischen könnten, daß eine wahrhaft christliche Gesellschaft entstünde. Mit anderen Worten, für sie gab es nur eine einzige wirklich christliche Gesellschaft: die spirituelle und außerweltliche – der mystische Körper Christi. Sicherlich war das eine extreme Ansicht, und es ist geradezu skandalös, sich ihrer heute zu erinnern, in einer Zeit, in der das Christentum von allen Seiten beschuldigt wird, es predige Verneinung und Abwendung und biete keine wirksame Methode, mit den Problemen unserer Zeit umzugehen. Doch lassen Sie uns nicht allzu oberflächlich sein. Die Wüstenväter stellten sich den »Problemen ihrer Zeit« in dem Sinne, daß sie zu den wenigen gehörten, die ihrer Zeit voraus waren und den Weg für die Entwicklung eines neuen Menschen und einer neuen Gesellschaft bahnten. Sie repräsentieren, was heutige Sozialphilosophen (Jaspers, Mumford) die Achsenzeit nennen, sind also Vorboten unseres modernen personalistischen Selbstverständnisses des Menschen. Mit ihrem pragmatischen Individualismus haben das achtzehnte und neunzehnte Jahrhundert das psychologische Erbe dieser Achsenzeit entwürdigt und verdorben und damit natürlich auch das Vermächtnis der Wüstenväter und anderer Meister der Kontemplation. Sie bahnten damit den Weg für die große Regression in die Herdenmentalität, die gerade jetzt stattfindet.

Die Flucht dieser Männer in die Wüste war weder rein negativ noch ausschließlich individualistisch. Sie rebellierten nicht gegen die Gesellschaft. Sicher waren sie in gewissem Sinne »Anarchisten«, und es schadet nichts, sie auch in diesem Lichte zu sehen. Es waren Männer, die sich nicht passiv von einem dekadenten Staat leiten und beherrschen lassen wollten, und die glaubten, daß man auch ohne sklavische Abhängigkeit von akzeptierten, konventionellen Werten gut miteinander auskommen könne. Sie hatten jedoch nie die Absicht, sich über die Gesellschaft zu stellen. Sie lehnten die Gesellschaft nicht hochmütig und verächtlich ab, als wären sie den anderen Menschen überlegen. Im Gegenteil! Sie flüchteten ja auch gerade deshalb aus der Welt der Menschen, weil die Menschen in der Welt in zwei Gruppen eingeteilt waren: die Erfolgreichen, die anderen ihren Willen aufzwangen, und solche, die nachgeben und sich unterordnen mußten. Die Wüstenväter wollten sich nicht von anderen Menschen regieren lassen, hatten andererseits aber auch kein Verlangen danach, ihrerseits andere zu beherrschen. Sie flohen auch nicht vor menschlicher Gesellschaft. Allein schon die Tatsache, daß sie diese »Worte« des Rats zueinander sprachen, beweist, daß sie ausgesprochen sozial waren. Sie strebten nach einer Gesellschaft, in der alle Menschen wirklich gleich sind, in der es, von Gott einmal abgesehen, nur eine einzige Autorität gab: die charismatische Autorität von Weisheit, Erfahrung und Liebe. Natürlich akzeptierten sie die wohlwollende hierarchische Autorität ihrer Bischöfe. Doch waren diese Bischöfe weit weg und sprachen kaum darüber, was in der Wüste vor sich ging. Das änderte sich erst am Ende des vierten Jahrhunderts, als es zu den origenistischen Streitigkeiten kam.

Vor allem strebten die Wüstenväter aber nach ihrem eigenen wahren Selbst in Christus. Und dazu mußten sie das falsche, formelle Ich, das unter gesellschaftlichen Zwängen in »der Welt« erzeugt wurde, vollständig ablehnen. Sie suchten nach einem Weg zu Gott, der nicht kartiert war, den man frei wählen konnte und den man nicht von anderen ererbte, die ihn vorher genau aufgezeichnet hatten. Sie suchten nach einem Gott, den sie nur allein finden konnten, nicht nach einem, der ihnen in vorgegebener und stereotyper Form von jemand anderem »gegeben« wurde. Sie verwarfen dabei keine der dogmatischen Formeln des christlichen Glaubens, sondern akzeptierten sie und hielten an ihnen in der einfachsten und elementarsten Form fest. Aber sie mischten sich (zumindest anfangs, in der Zeit ihrer schlichten Weisheit) kaum in theologische Kontroversen ein. Ihre Flucht in die Wüsten bedeutete auch eine Weigerung, sich mit Argumenten, Konzepten und Fachausdrücken zufriedenzugeben.

Wir beschäftigen uns hier ausschließlich mit Eremiten. Es gab in den Wüsten auch Zönobiten, die zu Tausenden ein »normales Leben« in großen Klöstern führten wie dem, das von dem heiligen Pachomius in Tabenna gegründet wurde. Die Zönobiten hatten eine strenge Gesellschaftsordnung, eine beinahe militärische Disziplin. Trotzdem gab es auch bei ihnen Persönlichkeit und Freiheit, denn selbst die Zönobiten wußten, daß ihre Regeln nur einen äußeren Rahmen schafften, ein Gerüst, mit dessen Hilfe sie selbst das spirituelle Bauwerk ihres eigenen Lebens mit Gott errichten mußten. Die Eremiten waren allerdings in jeder Hinsicht freier. Sie mußten sich an gar nichts anpassen außer an den geheimen, verborgenen, lehrenden Willen Gottes, der von einer Einsiedelei zur anderen durchaus verschieden sein konnte. Es ist sehr bedeutsam, daß in einem der ersten dieser *Verba* (Nummer III) das grundlegende Prinzip des Lebens in der Wüste dargelegt wird: Gott ist die Autorität, und von Seinem manifesten Willen abgesehen gibt es wenige oder gar keine Prinzipien: »Siehst du also, wonach deine Seele gottgemäß verlangt, dann tue es, und dein Herz wird sich in Sicherheit befinden.«

Es ist offensichtlich, daß solch einen Weg nur jemand gehen kann, der sehr wachsam und den Orientierungspunkten einer weglosen Wildnis gegenüber sehr feinfühlig ist. Der Eremit mußte ein Mensch sein, dessen Glaube ausgereift war, der demütig war und sich von sich selbst in einem geradezu furchterregenden Maße gelöst hatte. Die spirituellen Katastrophen, die über manche selbstherrlichen Visionäre der Wüste bisweilen hereinbrachen, dienten dazu, die Gefahren eines einsamen Lebens zu zeigen – wie Knochen, die im Sand ausbleichen. Ein Wüstenvater konnte es sich nicht leisten, ein Liebhaber allzu schneller Erleuchtung zu sein. Er konnte nicht riskieren, an seinem eigenen Ego oder an der gefährlichen Ekstase der Eigenwilligkeit festzuhalten. Er konnte nicht die geringste Identifikation mit seinem oberflächlichen, vergänglichen, selbsterzeugten Ich beibehalten. Er mußte sich in der inneren verborgenen Realität eines Selbst verlieren, das sich transzendent, geheimnisvoll und kaum erkennbar in Christus verlor. Er mußte den Werten der vergänglichen Existenz gegenüber sterben, so wie Christus für sie am Kreuz gestorben war, und er mußte mit Ihm im Lichte einer vollkommen neuen Weisheit von den Toten auferstehen. Deshalb war dieses Leben ein Opfer, das mit einem ganz klaren Bruch begann, mit der Trennung des Mönchs von der Welt. Ein Leben, das sich in »Schuldgefühlen« fortsetzte, die ihn lehrten, den Wahnsinn zu beklagen, an unwirklichen Werten festzuhalten. Ein Leben der Einsamkeit und Arbeit, der Armut und des Fastens, der Keuschheit und des Gebetes. Dadurch konnte das alte oberflächliche Ich weggeläutert werden und allmählich das wahre, geheime Selbst auftauchen, in dem der Gläubige und Christus »eines Geistes« waren.

Am Ende all dieses Strebens stand schließlich die »Reinheit des Herzens« – eine klare und unbehinderte Vision des wahren Zustands der Dinge, ein intuitives Erfassen der eigenen inneren Realität, verankert oder vielmehr verloren in Gott durch Christus. Die Frucht davon war *quies*: »Ruhe«. Nicht eine körperliche Ruhe und auch keine Fixierung eines erhabenen Geistes auf einen Lichtpunkt oder Lichtgipfel. Die Wüstenväter waren größtenteils keine ekstatischen Wesen, und die, die es waren, hinterließen einige seltsame und irreführende Geschichten, um zu verschleiern, worum es eigentlich ging. Die »Ruhe«, nach der diese Männer suchten, war ganz einfach die geistige Gesundheit und die Gelassenheit eines Wesens, das nicht länger auf sich selbst schauen muß, weil es von der Vollkommenheit der in ihm liegenden Freiheit fortgetragen wird. Wohin? Dorthin, wo die Liebe selbst oder der göttliche Geist es für richtig hält. Ruhe war also einfach eine Art Nirgendwo-Sein, eine Geistlosigkeit, die sich nicht mehr mit dem falschen oder begrenzten »Ich« beschäftigte. In Frieden und im Besitz eines seligen »Nichts« ergriff der Geist heimlich Besitz von »Allem« – ohne zu versuchen zu erkennen, was er besaß.

Nun waren die Wüstenväter nicht einmal genügend um die Natur dieser Ruhe bemüht, als daß sie von ihr in dieser Weise hätten sprechen können. Es gibt nur wenige Ausnahmen wie den heiligen Antonius, der erklärte: »Das Gebet eines Mönches ist erst dann vollkommen, wenn er sich selbst oder die Tatsache, daß er betet, nicht mehr erkennt.« Und das hat er auch nur ganz nebenbei erwähnt. Die übrigen Wüstenväter hielten sich von allem Erhabenen und Esoterischen, von allem Theoretischen oder schwer Verständlichen fern. Das heißt, sie weigerten sich, über derartige Dinge zu sprechen. Sie wollten eigentlich auch über nichts anderes sprechen, nicht einmal über die Wahrheiten des christlichen Glaubens, und das erklärt, warum diese Aussprüche so wortkarg sind.

In vieler Hinsicht hatten sie deshalb viel mit den indischen Yogis und den chinesischen und japanischen Mönchen des Zen-Buddhismus gemeinsam. Wollten wir nach vergleichbaren Menschen des zwanzigsten Jahrhunderts suchen, müßten wir schon an seltsamen abgelegenen Orten schauen. Derartige Menschen sind leider sehr selten. Offensichtlich gedeihen sie nicht in den Städten. Vielleicht finden wir so jemanden unter den Pueblo-Indianern oder den Navahos, aber das wäre schon wieder etwas ganz anderes. Denn dort fänden wir eine Einfachheit und schlichte Weisheit, die in einer einfachen Gesellschaft wurzelt. Charakteristisch für die Wüstenväter ist dagegen ein klarer Bruch mit dem konventionellen, akzeptierten sozialen Kontext, und so schwimmen sie um ihr Leben – in eine scheinbar irrationale Leere hinein.

Obwohl man von mir die Aussage erwarten könnte, es sei möglich, solche Männer in einigen Klöstern der Kontemplativen Orden zu finden, so werde ich es doch nicht wagen, so etwas zu behaupten. Bei uns handelt es sich eher darum, daß jemand die Gesellschaft der »Welt« verläßt, um sich an eine andere Art von Gesellschaft anzupassen, die der religiösen Familie nämlich, in die er eintritt. Solche Menschen tauschen die Werte, Konzepte und Riten der einen Gruppe mit denen einer anderen. Jetzt, da wir Jahrhunderte des Mönchtums hinter uns haben, sieht das alles ganz anders aus. Die sozialen »Normen« einer Mönchsfamilie eignen sich ebenfalls für Konventionen, und diesen entsprechend zu leben, erfordert keinen Sprung ins Leere, sondern nur eine radikale Änderung von Gewohnheiten und Normen. Die Worte und Beispiele der Wüstenväter wurden so sehr zum Teil der Mönchstradition, daß die Zeit sie für uns in Klischees verwandelt hat. Wir können ihre beeindruckende Originalität kaum mehr bemerken. Wir haben sie gewissermaßen in unserer eigenen Routine begraben und uns auf diese Weise gegen jede Art von spirituellem Schock abgesichert und isoliert, der von einem Mangel an Konventionalität ausgehen könnte. Ich hoffe jedoch, daß meine Auswahl und Herausgabe dieser »Worte« sie in einem neuen Licht präsentiert, so daß ihre Ursprünglichkeit wieder offensichtlich wird.

Die Wüstenväter waren Pioniere, die sich nur an einige Propheten wie Johannes den Täufer, Elias und Eliseus halten konnten. Allerdings dienten ihnen die Apostel ebenfalls als Vorbilder. Darüber hinaus war das Leben, das sie sich gewählt hatten, »engelhaft«, und sie gingen den einsamen und verlassenen Pfad unsichtbarer Geistwesen. Ihre Zellen waren gewissermaßen die Feueröfen Babylons, in denen sie sich inmitten von Flammen in der Gegenwart Christi befanden.

Sie waren weder auf die Zustimmung ihrer Zeitgenossen aus, noch wollten sie deren Mißbilligung provozieren. Die Meinung anderer war für sie bedeutungslos geworden. Sie hatten keine festen Lehren über die Freiheit, sondern waren vielmehr wirklich frei geworden, indem sie den Preis für die Freiheit bezahlt hatten.

Wie dem auch sei, die Wüstenväter hatten für sich selbst eine sehr praktische und unscheinbare Weisheit gewonnen, die schlicht und zeitlos zugleich ist und die es uns erlaubt, die Quellen wieder freizulegen, die durch den geistigen und spirituellen Unrat unserer technologischen Barbarei verunreinigt, wenn nicht sogar vollkommen verstopft wurden. Unsere Zeit braucht dringend diese Art von Schlichtheit; sie muß wieder etwas von dem Erleben einfangen, das diese Zeilen widerspiegeln. Die Betonung liegt hier auf dem Wort *Erleben*. Die wenigen kurzen Formulierungen, die in diesem Buch gesammelt wurden, haben als reine Informationen wenig oder gar keinen Wert. Es wäre sinnlos, diese Seiten zu überfliegen und dabei beiläufig festzustellen, daß die Wüstenväter dies und das gesagt haben. Was nützt es uns, einfach nur zu wissen, daß dergleichen einmal gesagt worden ist? Wichtig ist, daß diese Worte tatsächlich einmal gelebt und erlebt wurden; daß sie aus einem Erleben der tieferen Ebenen des Daseins fließen; daß sie die Entdeckung von Menschen darstellen, die bestens mit einer spirituellen Reise vertraut waren, die weitaus entscheidender und wesentlich wichtiger ist als jede Reise zum Mond.

Was nützt es uns, zum Mond zu fliegen, wenn wir die Kluft, die uns von uns selbst trennt, nicht überwinden können? Das ist die wichtigste aller Entdeckungsreisen, und ohne sie sind alle übrigen nicht nur nutzlos, sondern verheerend. Das beweisen die berühmten Reisenden und Kolonialisten der Renaissance. Sie waren meist Männer, die ihre Taten vielleicht nur deshalb vollbringen konnten, weil sie sich selbst fremd geworden waren. Indem sie andere Welten unterwarfen, zwangen sie ihnen mit der Gewalt ihrer Kanonen lediglich ihre eigene Verwirrung und Entfremdung auf. Hervorstechende Ausnahmen wie der Dominikaner Bartolomäus de las Casas, der heilige Franz Xaver oder der Jesuit Matteo Ricci bestätigen nur die Regel.

Diese Aussprüche der Wüstenväter stammen aus einer klassischen Sammlung, den *Verba Seniorum* (*Apophthegamata Patrum*) in der *Patrologia Latina* (Band 73) von Migne. Die *Verba* unterscheiden sich von der übrigen Literatur der Wüstenväter durch das vollständige Fehlen literarischen Zierrats und durch ihre vollendete und aufrichtige Schlichtheit. Die *Lebensläufe* der Wüstenväter sind viel hochtrabender, dramatischer und stilisierter, voller fabelhafter Ereignisse und Wunder und stark geprägt von den literarischen Persönlichkeiten, denen wir sie verdanken. Doch die *Verba* sind schlichte und anspruchslose Berichte, die in der koptischen Tradition mündlich überliefert wurden, ehe sie in Syrisch, Griechisch und Lateinisch aufgeschrieben wurden.

Diese Sprüche und Erzählungen sind stets simpel und konkret, sie entsprachen den Erfahrungen eines Menschen, den die Einsamkeit geprägt hat, und dienten als einfache Antworten auf einfache Fragen. Wer auf der Suche nach »Erlösung« in die Wüste kam, bat die Wüstenväter um ein »Wort«, das ihm dabei helfen würde: ein *verbum salutis*, ein »Wort der Erlösung«. Die Antworten waren nicht als allgemeingültige, universale Rezepte gedacht. Sie waren vielmehr ursprünglich und anschaulich, präzise Schlüssel für ganz bestimmte Türen, durch die ein bestimmtes Individuum zu einer bestimmten Zeit gehen mußte. Erst später, nachdem sie häufig wiederholt und oft zitiert worden waren, betrachtete man sie als allgemeingültig. Wir können diese Aussprüche besser verstehen, wenn wir ihre praktische, man könnte auch sagen existentielle Qualität im Auge behalten. Als jedoch der heilige Benedikt in seiner Regel vorschrieb, daß die »Worte der Väter« vor der Komplet häufig und laut vorgelesen werden sollten, da gehörten sie bereits zur traditionellen mönchischen Überlieferung.

Die Wüstenväter waren demütige, stille Männer; sie hatten nicht viel zu sagen. Sie beantworteten Fragen gezielt und mit wenigen Worten. Anstatt allgemeiner Prinzipien erzählten sie lieber eine konkrete Geschichte – erfrischend kurz, aber inhaltsreich. Diese wortkargen Aussprüche enthalten mehr Licht und Zufriedenheit, als viele lange asketische Abhandlungen, die mit Einzelheiten über den Aufstieg im spirituellen Leben von einer »Stufe« zur nächsten angefüllt sind. Diese Sprüche der Wüstenväter sind nie theoretisch im heutigen Sinne des Wortes, sie sind nie abstrakt. Sie handeln von ganz konkreten Dingen, von den

Aufgaben im täglichen Leben eines Mönchs des vierten Jahrhunderts. Doch was gesagt wurde, erfüllt seinen Zweck auch für einen Denker des zwanzigsten Jahrhunderts, denn die grundlegenden Realitäten des inwendigen Lebens sind gleichgeblieben: Glaube, Demut, Nächstenliebe, Sanftmut, Besonnenheit, Selbstverleugnung. Vor allen anderen Eigenschaften aber kennzeichnet der gesunde Menschenverstand diese »Worte der Erlösung«.

Das ist wichtig. Später kamen die Wüstenväter in den Ruf, Fanatiker zu sein, weil taktlose Bewunderer viele Geschichten über ihre asketischen Leistungen erzählten. Asketen waren sie allerdings wirklich! Doch wenn wir ihre eigenen Worte lesen und sehen, was sie selbst vom Leben hielten, stellen wir fest, daß sie alles andere als fanatisch waren. Sie waren demütige, stille, sensible Menschen, mit einem tiefen Wissen um die Natur des Menschen und mit genug Verständnis von den Dingen Gottes, um zu erkennen, daß sie nur sehr wenig von Ihm wußten. Deswegen waren sie nicht sehr geneigt, lange Reden über das Wesen Gottes zu halten oder theatralisch die mystische Bedeutung der Schriften zu erklären. Wenn diese Männer wenig über Gott sprachen, so deshalb, weil sie wußten, daß Schweigen sinnvoller ist als viele Worte, wenn man einmal Seiner Wohnstatt nahe gekommen war. Im Ägypten der damaligen Zeit brodelten viele religiöse und intellektuelle Streitigkeiten, und das war für sie ein Grund mehr, ihren Mund zu halten. Da gab es die Neuplatoniker, die Gnostiker, die Stoiker, die Pythagoräer. Dann waren da die verschiedenen orthodoxen und ketzerischen christlichen Gruppen, die sich lauthals zu Wort meldeten. Es gab die Arianer (denen die Mönche der Wüste leidenschaftlich Widerstand leisteten). Es gab die Origenisten (und einige der Mönche waren ergebene Anhänger des Origenes). Bei all diesem Lärm konnte die Wüste nichts anderes beisteuern als dezentes und distanziertes Schweigen.

Die bedeutenden Mönchszentren des vierten Jahrhunderts befanden sich in Ägypten, Arabien und Palästina. Die meisten dieser Geschichten betrafen die Einsiedler der Nitrischen Eremitenkolonie und der Sketis, im Norden Ägyptens, nahe der Mittelmeerküste, westlich des Nils. Es gab auch viele Mönchsniederlassungen im Nildelta. Die Thebais in der Nähe des antiken Theben, landeinwärts am Nil gelegen, bildete ein weiteres Zentrum mönchischer Aktivitäten, besonders der Zönobiten. Palästina hatte schon sehr früh Mönche aus allen Teilen der Welt angelockt, von denen der heilige Hieronymus wohl der berühmteste war. Er lebte in einer Höhle bei Bethlehem und übersetzte die Heiligen Schriften. Dann gab es noch eine wichtige Mönchskolonie am Berg Sinai in Arabien. Dieses Kloster war von der heiligen Katharina gegründet worden, und man hat dort vor einiger Zeit gut erhaltene byzantinische Kunstwerke »entdeckt«.

Was für ein Leben führten die Wüstenväter? Einige erklärende Worte dazu werden uns helfen, ihre Aussprüche besser zu verstehen. Die Wüstenväter werden gewöhnlich »Abbas« (lat.: *abbas*) oder Altvater (lat.: *senex*) genannt. Ein Abbas war damals noch nicht, wie heute, ein Abt oder kanonisch gewählter Superior einer Gemeinschaft, sondern ein Mönch oder Eremit, der sich in jahrelangem Leben in der Wüste bewährt und bewiesen hatte, daß er ein Diener Gottes war. Bei ihnen oder in ihrer Nähe lebten »Brüder« oder »Novizen«, die dabei waren, diese Lebensart zu erlernen. Die Novizen bedurften noch der ständigen Beaufsichtigung durch einen Abbas, und sie lebten bei ihm, um durch seine Worte und sein Beispiel unterwiesen zu werden. Die Brüder lebten allein, besuchten aber gelegentlich einen in der Nähe lebenden Altvater, um ihn um Rat zu fragen.

Die meisten Männer, die diese Aussprüche und Geschichten repräsentieren, sind zur Reinheit des Herzens »unterwegs« und noch nicht ganz angekommen. Die Wüstenväter waren von Clemens und Origenes sowie der neuplatonischen Tradition inspiriert und glaubten manchmal fest daran, daß sie über alle ihre Leidenschaften hinauswachsen könnten und dann nicht mehr für Wut, Begierde, Hochmut und so weiter zugänglich wären. Wir finden in diesen Aussprüchen jedoch kaum etwas, das Menschen ermutigen könnte, die glauben, die christliche Vollkommenheit sei eine Angelegenheit von *apatheia* (Gelassenheit). Berichte, in denen Mönche als »jenseits aller Leidenschaften« gepriesen wurden, scheinen wirklich nur von Touristen zu stammen, die kurz die Wüste besuchten, dann nach Hause fuhren und Bücher über das schrieben, was sie gesehen hatten. Solche Darstellungen stammen jedenfalls nicht von denen, die ihr ganzes Leben in der Wüste verbracht haben. Diese akzeptierten nämlich viel eher die alltäglichen Realitäten des Lebens und waren zufrieden mit dem gewöhnlichen Schicksal eines Menschen, der sein ganzes Leben lang kämpfen muß, um sich zu überwinden. Man sieht die Weisheit der *Verba* ganz deutlich in der Geschichte von Johannes, der damit angab, er sei »jenseits aller Versuchungen«, und der von einem klugen Abbas den Rat erhielt, Gott um einige richtig gute Kämpfe zu bitten, damit sein Leben weiterhin etwas wert sei.

Manchmal kamen alle Einsiedler und Novizen zu einer liturgischen *synaxis* (Messe und gemeinsames Gebet) zusammen. Danach aßen sie gemeinsam und besprachen später Probleme der Gemeinschaft. Daraufhin kehrten sie in ihre Einsiedeleien zurück, wo sie ihre Zeit mit Arbeiten und Beten zubrachten.

Sie lebten von Handarbeiten, meist flochten sie aus Palmblättern oder Schilfrohr Körbe und Matten und verkauften sie in den nahegelegenen Städten. Manchmal tauchen in den *Verba* auch Fragen zu dieser Arbeit und zum Handel auf. Wohltätigkeit und Gastfreundschaft galten als vorrangig und kamen sogar noch vor dem Fasten und der persönlichen asketischen Routine. Die zahlreichen Aussprüche, die von dieser warmherzigen Freundlichkeit zeugen, sollten ausreichen, um die Vorwürfe zurückzuweisen, daß diese Menschen ihresgleichen haßten. Tatsächlich gab es in der Wüste mehr echte Liebe, echtes Verständnis und echte Freundlichkeit als in den Städten, in denen – damals wie heute – jeder auf sich allein gestellt ist.

Dies ist um so wichtiger, als der Wesenskern der christlichen Botschaft Wohltätigkeit und Einheit in Christus ist. Die christlichen Mystiker aller Zeiten suchten und fanden nicht nur die Vereinigung mit ihrem eigenen Wesen, nicht nur die Vereinigung mit Gott, sondern auch die Vereinigung miteinander im Geiste Gottes. Eine Einheit mit Gott zu suchen, die eine vollständige Trennung in Geist und Körper von der übrigen Menschheit mit sich brächte, wäre für einen christlichen Heiligen nicht nur absurd, sondern geradezu das Gegenteil von Heiligkeit. Isolation in sich selbst, das Unvermögen, aus sich selbst heraus zu anderen zu gehen, bedeutete die Unfähigkeit zu jeglicher Art von Transzendenz des eigenen Ich. Und so Gefangener seines eigenen Ich zu sein, käme einem Dasein in der Hölle gleich. Sartre hat diese Wahrheit, obwohl er sich selbst zum Atheisten erklärte, in sehr fesselnder Art in seinem Theaterstück *Geschlossene Gesellschaft* (*Huis Clos*) zum Ausdruck gebracht.

In den *Verba Seniorum* (*Apophthegmata Patrum*) wird immer wieder betont, daß im spirituellen Leben die Liebe an erster Stelle steht, noch vor Wissen, Erkenntnis, Askese,

Kontemplation, Einsamkeit und Gebet. Liebe *ist* geradezu das spirituelle Leben selbst, und ohne die Liebe sind all die anderen geistigen Übungen, mögen sie auch noch so erhaben erscheinen, inhaltsleer und lediglich Illusionen. Und je erhabener sie sind, um so gefährlicher ist die Illusion.

Liebe bedeutet hier natürlich weitaus mehr als eine reine Gefühlsregung, mehr als symbolische Gunstbezeugungen und oberflächliche Almosen. Liebe bedeutet hier eine innere und spirituelle Identifikation mit dem Bruder, so daß er nicht mehr als »Objekt« verstanden wird, für »das« man etwas »Gutes tut«. Tatsache ist, daß es kaum einen oder gar keinen spirituellen Wert hat, für jemand anderen etwas Gutes zu tun, als täte man es für einen Gegenstand. Liebe bedeutet, in seinem Nächsten sein anderes Selbst zu sehen und ihn mit der gewaltigen Demut, Besonnenheit, Zurückhaltung und Ehrfurcht zu lieben, ohne die es niemand wagen kann, das Heiligtum der Subjektivität eines anderen zu betreten. Solch einer Liebe fehlt zwangsläufig jegliche autoritäre Brutalität, jegliche Ausbeutung, Kontrolle und Überheblichkeit. Die Heiligen der Wüste waren Feinde aller subtilen und groben Mittel, mit denen »der spirituelle Mensch« es fertigbringt, all jene zu tyrannisieren, die er im Vergleich mit sich selbst für minderwertig hält. Denn damit wird nur das eigene Ego befriedigt. Die Wüstenväter hatten vielmehr alles aufgegeben, das nach Bestrafung und Rache schmeckte, wie verdeckt es auch sein mochte.

Die Nächstenliebe der Wüstenväter wird uns nicht als wenig überzeugender emotionaler Herzenserguß vorgestellt. Vielmehr wird überall anerkannt und nie verharmlost, wie schwierig und allumfassend wahre Nächstenliebe ist. Es ist schwer, andere wirklich zu lieben, wenn man das Wort Liebe ganz wörtlich versteht. Liebe erfordert eine vollständige innere Verwandlung, denn ohne eine derartige Transformation können wir uns unmöglich mit unserer Schwester, mit unserem Bruder identifizieren. In gewissem Sinne müssen wir zu der Person werden, die wir lieben. Das setzt den Tod unseres eigenen Daseins, unseres eigenen Ich voraus, und ganz gleich, wie sehr wir uns anstrengen, wir werden diesem Tod immer Widerstand leisten. Wir kämpfen gegen ihn an: mit Wut, Beschuldigungen, Forderungen und Ultimaten. Wir greifen nach jeder bequemen Ausrede, um diese schwierige Aufgabe abzubrechen und zu beenden. Doch in den *Verba Seniorum* (*Apopthegmata Patrum*) lesen wir, daß Abbas Ammonas vierzehn Jahre lang darum betete, seine Wut zu überwinden, oder besser gesagt, von seiner Wut befreit zu werden. Wir lesen von Abbas Serapion, der sein letztes Buch, ein Exemplar des Evangeliums, verkaufte und das Geld den Armen gab. Er verkaufte also »genau das Buch, das ihm auftrug, alles zu verkaufen und es den Armen zu geben«. Ein anderer Abbas erteilte einigen Mönchen eine Rüge, weil sie eine Räuberbande ins Gefängnis gebracht hatten. Daraufhin brachen die beschämten Mönche bei Nacht ins Gefängnis ein und befreiten die Gefangenen. Immer wieder lesen wir von dem einen oder anderen Abbas, der sich weigerte, diesen oder jenen Straftäter öffentlich zu verurteilen. Dazu gehörte auch der sanfte Abbas Moses, ein Schwarzer, der mit einem Korb Sand zur hohen Ratsversammlung kam und den Sand aus den vielen Löchern herausrieseln ließ. »Meine eigenen Sünden rieseln heraus wie dieser Sand«, sagt er, »und doch bin ich gekommen, um die Sünden eines anderen zu verurteilen.«

Da es zu solchen Protesten kam, gab es offensichtlich etwas, gegen das man protestieren konnte. Am Ende des fünften Jahrhunderts waren die Sketis und die Nitrische Eremitenkolonie zu einfachen mönchischen Städten mit

Gesetzen und Strafen gewachsen. Drei Peitschen hingen an einer Palme außerhalb der Kirche der Sketis: mit der einen wurden straffällige Mönche bestraft, mit der anderen Diebe und mit der dritten Landstreicher. Aber es gab viele Mönche wie Abbas Moses, die damit nicht einverstanden waren, und sie waren die Heiligen. Sie repräsentierten das einfache, »anarchische« Ideal der Wüste. Die vielleicht Denkwürdigsten unter all diesen waren die beiden alten Brüder, die jahrelang ohne Streit zusammengelebt hatten und eines Tages beschlossen, sich einmal »wie alle anderen Menschen zu zanken«. Aber es gelang ihnen einfach nicht.

Das Gebet stand im Zentrum des Lebens in der Wüste. Es bestand aus dem Psalmengesang (lautes Beten – Rezitation der Psalmen und anderer Teile der Heiligen Schrift, die alle auswendig kennen mußten) und Kontemplation. Was wir heute ein kontemplatives Gebet nennen würden, wird mit *quies* oder »Ruhe« bezeichnet. Dieser anschauliche Begriff blieb in der griechischen Mönchstradition als *hesychia* »Ruhe der Seele« oder »selige Ruhe in Gott« erhalten. *Quies* ist stille Versenkung, wobei man die leise Wiederholung einer einzigen Formel der Heiligen Schrift zu Hilfe nimmt. Die populärste Formel ist das Gebet des Zöllners: »Herr Jesus Christus, Gottes Sohn, hab Erbarmen mit mir armem Sünder!« In verkürzter Form wurde daraus: »Herr, erbarme Dich!« (*kyrie eleison*), das man innerlich jeden Tag Hunderte von Malen wiederholte, bis es so spontan und instinktiv wurde wie das Atmen.

Als Arsenius den Auftrag erhält, aus der Gemeinschaft der Mönche zu fliehen, zu schweigen und zu ruhen (*fuge, tace, quiesce*), ist dies ein Aufruf zum »kontemplativen Gebet«. *Quies* ist ein schlichterer, unauffälligerer und auch weniger irreführender Ausdruck. Er paßt besser zur Schlichtheit der Wüstenväter als das Wort »Kontemplation« und bietet weniger Möglichkeiten für spirituellen Narzißmus und Größenwahn. Der Quietismus hatte in der Wüste kaum eine Chance. Die Mönche waren beschäftigt, und wenn *quies* auch die Erfüllung all dessen war, das sie suchten, so galt *corporalis quies* (»die körperliche Ruhe«) doch als einer ihrer größten Feinde. Ich habe *corporalis quies* in den Sprüchen mit »ein einfaches Leben« übersetzt, um nicht den Eindruck zu erwecken, in der Wüste würde Agitation geduldet. Das war nämlich nicht der Fall. Ein Mönch sollte vielmehr immer ruhig und soweit wie möglich immer am selben Ort bleiben. Einige Väter mißbilligten sogar alle, die Beschäftigungen außerhalb ihrer Zellen nachgingen und beispielsweise in der Erntezeit für die Bauern des Niltals arbeiteten.

Schließlich begegnen wir auf diesen Seiten einigen großartigen und einfachen Persönlichkeiten. Obwohl die *Verba* manchmal nur einem unbekannten *senex* (Altvater) zugeschrieben werden, sind sie doch weitaus häufiger namentlich den Heiligen zugeordnet, die sie jeweils ausgesprochen haben. Wir begegnen dem Abbas Antonius, der kein anderer war als der heilige Antonius der Große. Er war der Vater aller Eremiten, und seine Biographie, vom heiligen Athanasius verfaßt, steckte das ganze Römische Reich mit Mönchsberufungen an. Antonius war tatsächlich der Vater aller Wüstenväter. Schauen wir uns seine ursprünglichen Gedanken aber genauer an, merken wir, daß es sich hier nicht um den Antonius des Flaubert handelt und auch nicht um jemanden wie Anatole France' Paphnutius. Sicher erreichte Antonius nach langwierigen und ziemlich spektakulären Kämpfen mit Dämonen die *apatheia*. Doch am Ende gab er zu, daß nicht einmal der Teufel vollkommen böse sei, da Gott nichts Böses erschaffen könne und alle seine Werke gut seien. Es mag einen erstaunen zu erfahren, daß gerade der heilige Antonius glaubte, daß selbst im Teufel etwas Gutes stecke. Das war jedoch keine reine Gefühlsduselei, sondern zeigte, daß Antonius keinen Sinn für Paranoia hatte. Es ist gut für uns zu erkennen, daß erst der moderne Massenmensch wieder mit Herz und Seele zu den fanatischen Projektionen des eigenen Bösen auf »den Feind« zurückkehrte (wer auch immer das sein mag). Die Einsiedler der Wüste waren da viel weiser.

Dann begegnen wir in diesen *Verba* noch anderen, wie dem heiligen Arsenius, dem sturen und stillen Fremden, der vom fernen Hof des Kaisers von Konstantinopel in die Wüste gekommen war und niemanden sein Gesicht sehen ließ. Wir begegnen dem sanftmütigen Poimen und dem ungestümen Johannes dem Kurzen, der »ein Engel werden« wollte. Auch alles andere als unsympathisch ist Abbas Pastor, der vielleicht sogar am häufigsten von allen auftaucht. Seine Aussprüche zeichnen sich durch Demut im praktischen Alltag aus, durch ein Verständnis der menschlichen Unzulänglichkeit und durch einen soliden, gesunden Menschenverstand. Wir wissen, daß Abbas Pastor selbst oft äußerst menschlich reagierte. So erzählt man von ihm beispielsweise, daß er, als sein eigener Bruder ihm gegenüber kühl wurde und sich lieber mit anderen Eremiten unterhielt, so eifersüchtig wurde, daß er zu einem der Altväter gehen und sich seine Gesinnung zurechtrücken lassen mußte.

Diese Mönche legten großen Wert darauf, ganz gewöhnliche Menschen zu bleiben. Das mag einem paradox erscheinen, ist jedoch von großer Bedeutung. Denken wir einen Augenblick darüber nach, so erkennen wir, daß man seine Welt ja stillschweigend als Vergleichsmaßstab mitnimmt, wenn man in die Wüste flieht, um etwas Außergewöhnliches zu werden. Das Ergebnis wäre dann nichts anderes als eine Selbstbetrachtung. Man würde sich an dem negativen

Maßstab eben jener Welt messen, die man verlassen hatte. Einige Mönche der Wüste taten dies tatsächlich, und das einzige Resultat ihrer Bemühungen bestand darin, daß sie verrückt wurden. Die einfachen Menschen jedoch, die bis ins reife Alter ein gutes Leben inmitten von Steinen und Sand führten, taten dies nur, weil sie in die Wüste gekommen waren, um so sein zu können, wie sie waren, ihr *ganz gewöhnliches* Ich, und um eine Welt zu vergessen, die sie von sich selbst trennte. Es kann keinen anderen gültigen Grund geben, die Einsamkeit zu suchen oder diese Welt zu verlassen. Und so bedeutet die Welt verlassen eigentlich, zu helfen, sie zu retten, indem man sich selbst rettet. Das ist der springende Punkt, und es ist ein ganz wichtiger. Die koptischen Eremiten, die der Welt entflohen, als verließen sie ein Wrack, wollten ja nicht nur sich selbst retten. Sie wußten, daß sie so lange hilflos waren und den anderen nicht helfen konnten, wie sie in dem Wrack herumschwammen. Hatten sie aber einmal festen Boden unter den Füßen, war alles ganz anders. Dann hatten sie nicht nur die Kraft, sondern sogar die Pflicht, nach sich jetzt auch die ganze Welt in Sicherheit zu bringen.

Dies ist ihre widersprüchliche Lektion für unsere Zeit. Vielleicht ist es übertrieben zu behaupten, die Welt benötige eine neue Bewegung wie die, die jene Männer in die Wüsten Ägyptens und Palästinas führte. Gewiß ist die heutige Zeit eine Zeit für Einzelgänger und Eremiten. Doch allein die Schlichtheit, Genügsamkeit und Gebete dieser einfachen Seelen nachzuahmen, bildet keine vollständige oder zufriedenstellende Antwort. Wir müssen über sie hinausgehen und auch über all jene, die seit damals über ihre festgelegten Grenzen hinausgingen. Wir müssen uns auf unsere ganz eigene Art befreien und nicht mehr an einer Welt teilnehmen, die auf eine Katastrophe zusteuert. Unsere Welt ist allerdings von der damaligen ganz verschieden. Unsere Beteiligung an der Welt ist wesentlich umfassender. Unsere Gefahr ist viel größer. Und unsere Zeit ist vielleicht weitaus kürzer, als wir glauben.

Wir können nicht genau das tun, was sie taten. Wir müssen aber ebenso gründlich und schonungslos entschlossen sein, alle spirituellen Ketten zu brechen, die Beherrschung durch fremde Zwänge abzuschütteln, unser wahres Selbst zu finden, unsere unveräußerliche spirituelle Freiheit zu entdecken und zu entwickeln und sie dafür zu benutzen, das Königreich Gottes auf Erden zu errichten. Hier ist nicht der Ort, darüber zu spekulieren, was mit unserer großartigen und mysteriösen Berufung wohl verbunden sein mag. Das bleibt immer noch unbekannt. Möge es genügen, wenn ich hier erkläre, daß wir von diesen Männern des vierten Jahrhunderts lernen müssen, wie man Vorurteile ignoriert, Zwängen widersteht und sich furchtlos auf den Weg ins Unbekannte begibt.

Einige Aussprüche der Wüstenväter

Abbas Pambo fragte Abbas Antonius: »Was soll ich tun?«
Und Abbas Antonius erwiderte: »Vertraue nicht auf deine
eigene Tugendhaftigkeit. Mache dir über nichts Sorgen, das
bereits getan ist. Beherrsche deine Zunge und deinen Magen.«

Abbas Joseph von Theben sagte: »Es gibt drei Arten von
Menschen, denen in den Augen Gottes Ehre zuteil wird. Er-
stens all jene, die alle Krankheiten und Versuchungen
dankbar akzeptieren. Zweitens solche, die alle ihre Arbeiten in den Augen Gottes rein ausführen und nicht nur allein den Menschen gefallen wollen. Und drittens Menschen,
die sich den Anordnungen eines geistigen Vaters unterwer-
fen und ihre eigenen Wünsche aufgeben.«

Ein Bruder fragte einen Altvater: »Was soll ich Gutes tun,
und wie kann ich dabei ein rechtes Leben führen?« Der alte
Mann erwiderte: »Gott allein weiß, was gut ist. Doch hörte
ich davon, daß jemand den Vater Abbas Nisteroos den
Großen, den Freund des Abbas Antonius, fragte: ›Welche
guten Werke soll ich tun?‹ Und er soll geantwortet haben:
›Nicht alle Werke sind gleich. Denn in der Heiligen Schrift
steht: „Abraham war gastfreundlich, und Gott war mit ihm;
Elias liebte das einsame Gebet, und Gott war mit ihm; David war demütig, und Gott war mit ihm.“ Siehst du also,

wonach deine Seele gottgemäß verlangt, dann tue es, und dein Herz wird sich in Sicherheit befinden.‹«

Einer der Altväter sagte: »Armut, Kummer und Besonnenheit sind die drei Aufgaben des Lebens eines Einsiedlers. Denn es steht geschrieben: ›Wenn wir nur diese drei Männer bei uns hätten: Noe, Hiob und Daniel‹.* Noe repräsentiert Menschen, die nichts besitzen; Hiob all jene, die unter Kummer und Sorgen leiden; und Daniel steht für solche, die zwischen Gut und Böse unterscheiden können. Finden sich diese drei in einem Menschen, dann wohnt Gott in ihm.«

Abbas Pastor erklärte: »Vor allem sollte ein Mönch zwei Dinge hassen, denn indem er diese beiden haßt, kann er in dieser Welt frei werden.« Und ein Bruder fragte: »Was sind diese beiden Dinge?« Abbas Pastor antwortete: »Ein einfaches Leben und eitler Ruhm.«

Es heißt von Abbas Pambo, daß er in der Stunde, in der er dieses Leben verließ, zu den heiligen Männern, die ihm beistanden, sprach: »Seit ich an diesen Ort in der Wüste gekommen bin, meine Zelle gebaut und hier gewohnt habe, kann ich mich nicht entsinnen, Brot gegessen zu haben, das nicht durch meiner eigenen Hände Arbeit verdient worden war. Auch erinnere ich mich nicht, bis zu dieser Stunde je-

---

* Siehe Hesekiel 14,14.

mals etwas gesagt zu haben, das mir leid tun müßte. Und so gehe ich zum Herrn als jemand, der nicht einmal damit angefangen hat, Gott zu dienen.«

Ein Bruder fragte einmal einen Altvater: »Wie gelangt die Furcht vor dem Herrn in einen Menschen?« Und der Altvater antwortete: »Hat ein Mensch Demut und Armut, und urteilt er nicht über andere, dann kommt die Furcht vor dem Herrn in ihn.«

Einmal verließen einige Brüder ihr Kloster, um die Eremiten zu besuchen, die in der Wüste lebten. Sie kamen zu einem, der sie freudig begrüßte. Und als er sah, daß sie müde waren, lud er sie ein, schon vor der üblichen Zeit zu essen, und breitete seine gesamte Nahrung vor ihnen aus. Doch in jener Nacht, als sie eigentlich alle hätten schlafen sollen, hörte der Eremit, wie die Zönobiten miteinander sprachen: »Die Eremiten essen ja mehr als wir in den Klöstern!« Beim Morgengrauen machten sich die Gäste auf, um einen anderen Einsiedler zu besuchen, und als sie aufbrachen, sagte ihr Gastgeber: »Grüßt ihn von mir und gebt ihm folgende Botschaft: ›Gib acht, daß du das Gemüse nicht wässerst.‹« Als sie die andere Einsiedelei erreichten, gaben sie die Botschaft weiter, und der Einsiedler verstand die Bedeutung dieser Worte. Er hieß die Besucher deshalb, sich hinzusetzen und Körbe zu flechten, und er saß bei ihnen und arbeitete ohne Unterbrechung. Als der Abend kam und es Zeit wurde, die Lampen anzuzünden, fügte er den üblichen Psalmen noch einige hinzu und sagte dann zu ihnen: »Hier draußen essen wir normalerweise nicht jeden Tag, aber da ihr zu Besuch gekommen seid, ziemt es sich, heute zur Abwechslung etwas zu Abend zu essen.« Dann gab er ihnen etwas trockenes Brot und Salz und fügte hinzu: »Hier habe ich noch etwas Besonderes für euch.« Damit mischte er ein wenig Soße aus Essig, Salz und Öl und reichte sie ihnen. Nach dem Abendessen erhoben sie sich, begannen wieder mit den Psalmen und beteten fast bis zum Morgengrauen. Dann sagte der Einsiedler: »Nun, wir können nicht alle unsere üblichen Gebete beenden, weil ihr von der Reise müde seid. Ihr solltet euch jetzt ein wenig ausruhen.« Als der Morgen dämmerte, wollten sie natürlich diese Einsiedelei verlassen, aber er ließ sie nicht gehen. Er sagte immer wieder: »Bleibt noch eine Weile bei mir. Ich kann euch doch nicht so schnell wieder gehenlassen! Die Gastfreundschaft verlangt, euch zwei bis drei Tage hierzubehalten.« Als sie das hörten, warteten sie, bis es dunkel wurde, und schlichen sich dann im Schutze der Nacht davon.

Ein Altvater sagte: »Dies ist die Lebensaufgabe eines Mönchs: Gehorsam und Meditation, andere nicht zu beurteilen, nichts zu verschmähen und sich nicht zu beklagen. Denn es steht geschrieben: ›Ihr, die ihr den Herrn liebt, haßt das Böse.‹ Dies ist also das Leben eines Mönchs: nicht mit einem Ungerechten übereinzustimmen, nicht das Böse anzuschauen, nicht neugierig zu sein, die Angelegenheiten anderer nicht zu untersuchen und ihnen kein Gehör zu schenken. Nichts mit eigenen Händen zu nehmen, sondern lieber anderen zu geben. Nicht von Herzen stolz zu sein und andere selbst in Gedanken nicht zu verleumden. Sich nicht den Bauch vollzuschlagen, sondern bei allem Besonnenheit zu bewahren. Siehe, an all dem erkennt man einen Mönch.«

Ein Altvater sagte: »Löse dich von leichtsinniger Zuversicht und beherrsche deine Zunge und deinen Magen. Enthalte dich des Weins. Und spricht jemand mit dir, egal worüber, dann streite dich nicht mit ihm, sondern sage, wenn er recht hat: ›Ja.‹ Hat er aber nicht recht, sage zu ihm: ›Du weißt, was du sagst.‹ In jedem Falle aber streite dich nicht mit ihm über das, was er gesagt hat. Auf diese Weise wird dein Geist friedlich bleiben.«

Abbas Antonius erklärte: »So wie Fische sterben, wenn sie zu lange auf trockenem Boden liegen, verlieren Mönche ihre Entschlossenheit, beim einsamen Gebet zu bleiben, wenn sie länger von ihrer Zelle fernbleiben. Deshalb müssen wir immer wieder in unsere Zellen zurückkehren, so wie die Fische ins Meer. Denn bleiben wir draußen, vergessen wir, innerlich auf uns aufzupassen.«

Als Abbas Arsenius noch im Palast des Königs weilte, betete er zum Herrn: »O Herr, führe mich zur Erlösung.« Und eine Stimme kam zu ihm und sprach: »Arsenius! Fliehe vor den Menschen, und du wirst errettet.« Als er wieder ein Mönchsleben führte, betete er mit denselben Worten, und er hörte eine Stimme, die zu ihm sagte: »Arsenius! Fliehe, schweige, ruhe im Gebet. Das sind die Wurzeln des Nichtsündigens.«

Einmal ging ein Bruder zu Abbas Moses in die Sketis und bat ihn um guten Rat. Abbas Moses sprach zu ihm: »Geh, setz dich in deine Zelle, und deine Zelle wird dich alles lehren.«

Ein Altvater sah einmal, wie jemand lachte, und sagte zu ihm: »In der Gegenwart des Herrn des Himmels und der Erde müssen wir für unser ganzes Leben geradestehen. Und da kannst du lachen?«

Man sagte von Abbas Agatho, daß er drei Jahre lang einen Stein in seinem Mund hielt, bis er gelernt hatte zu schweigen.

Einst fragte einer der Brüder Abbas Isidorus aus der Sketis: »Wie kommt es, daß die Dämonen sich vor dir so furchtbar ängstigen?« Der Abbas erwiderte: »Seit dem Augenblick, in dem ich Mönch wurde, strebte ich danach zu verhindern, daß mir die Wut bis an meine Lippen kam.«

Abbas Anastasius besaß ein Buch aus feinem Pergamentpapier, das achtzehn Geldstücke wert war. Es enthielt das vollständige Alte und Neue Testament. Einmal kam ein Bruder zu ihm zu Besuch, sah das Buch und nahm es mit. Als Abbas Anastasius an jenem Tag in seinem Buch lesen wollte und feststellte, daß es nicht mehr da war, begriff er, daß der Bruder es gestohlen hatte. Aber er machte keine Anstalten, ihn daraufhin zur Rede zu stellen, weil er befürchtete, daß der Bruder dann zusätzlich zu dem Diebstahl noch einen Meineid leisten würde. Der Bruder aber ging in die nahegelegene Stadt, um das Buch zu verkaufen. Er verlangte dafür sechzehn Geldstücke. Der Käufer sagte: »Gib mir das Buch, damit ich feststellen kann, ob es tatsächlich soviel wert ist.« Damit nahm der Käufer das Buch, brachte es zum heiligen Anastasius und sagte: »Vater, schau dir bitte dieses Buch an, und sage mir, ob ich es deiner Meinung nach für sechzehn Geldstücke kaufen sollte. Ist es soviel wert?« Abbas Anastasius antwortete: »Ja, es ist ein schönes Buch. Es ist soviel wert.« Der Käufer ging also zurück zu dem Bruder und sagte: »Hier ist dein Geld. Ich habe das Buch Abbas Anastasius gezeigt, und er hat mir versichert, es sei ein schönes Buch und mindestens sechzehn Geldstücke wert.« Da fragte der Bruder: »Ist das alles, was er gesagt hat? Machte er keine andere Bemerkung?« »Nein«, sagte der Käufer, »sonst hat er nichts gesagt.« »Nun«, erwiderte da der Bruder, »ich habe es mir anders überlegt. Ich möchte dieses Buch doch nicht verkaufen.« Dann ging er schnell zu Abbas Anastasius und bat ihn unter Tränen, sein Buch zurückzunehmen. Doch dieser nahm es nicht an. »Geh in Frieden, Bruder. Ich schenke es dir.« Da erwiderte der Bruder: »Wenn du es nicht zurücknimmst, werde ich nie wieder Frieden finden.« Danach blieb der Bruder für den Rest seines Lebens bei Abbas Anastasius.

Abbas Makarios sagte: »Wenn du in der Absicht, einen anderen zu verbessern, wütend wirst, dann befriedigst du damit nur deine eigene Leidenschaft. Vergiß dich nicht, um einen anderen zu retten.«

Abbas Hyperechios erklärte: »Es ist besser, Fleisch zu essen und Wein zu trinken, als durch Kritik das Fleisch deines Bruders zu verzehren.«

Einmal wurde eine Flasche Wein von der neuen Ernte in die Sketis gebracht, damit die Brüder ihn in ihren Kelchgläsern probieren konnten. Einer der Brüder kam herein, und als er sah, daß die Brüder Wein bekommen hatten, lief er fort und versteckte sich im Keller. Aber der Keller stürzte ein. Als sie den Lärm hörten, liefen sie hinunter und fanden den Bruder halb tot dort liegen. Da schimpften sie mit ihm und sagten: »Das geschieht dir recht, weil du so eingebildet warst.« Doch der Abbas kümmerte sich ausgiebig um ihn und sagte: »Vergebt meinem Sohn, denn er hat gut gehandelt. Und so wahr wie Gott der Herr lebt, soll dieser Keller zu meinen Lebzeiten nicht wieder aufgebaut werden, damit die Welt erfährt, daß in der Sketis um eines Glases Weins willen ein Keller einstürzte.«

Ein Mönch begegnete auf einer Reise einer Gruppe von Dienerinnen des Herrn. Als er sie sah, verließ er den Weg und machte einen weiten Bogen um sie. Doch die Amma sagte zu ihm: »Wärest du ein vollendeter Mönch, hättest du nicht einmal genau genug hingeschaut, um erkennen zu können, daß wir Frauen sind.«

Ein Bruder entsagte der Welt, gab seine Besitztümer den Armen und behielt nur einige wenige Dinge für sich. So kam er zu Abbas Antonius. Als der Altvater all das hörte, sagte er zu ihm: »Wenn du ein Mönch sein willst, dann geh in jenes Dorf und kaufe Fleisch, lege es auf deinen nackten Körper und komm wieder hierher.« Als der Bruder diesen Auftrag ausführte, kamen die Hunde und Raubvögel und zerrten an seinem Körper. Als er zum Abbas zurückkehrte, fragte dieser ihn, ob er dem Auftrag entsprechend gehandelt habe. Da zeigte ihm der Bruder seinen zerfleischten Körper, und Abbas Antonius sagte: »Wer der Welt entsagt, aber etwas Geld behalten will, der wird von den Teufeln angegriffen und zerrissen, so wie es dir passiert ist.«

Abbas Theodor von Pherme besaß drei schöne Bücher. Als er zu Abbas Makarios kam, sagte er zu ihm: »Ich habe drei Bücher, und es bringt mir Nutzen, sie zu lesen. Die Brüder bitten mich jetzt, sie leihen zu dürfen, um auch von ihnen profitieren zu können. Nun sage mir, was soll ich tun?« Abbas Makarios antwortete: »Was du da tust, ist gut, aber am besten ist es, nichts zu besitzen.« Als er das hörte, ging er fort, verkaufte die erwähnten Bücher und gab das Geld den Armen.

Abbas Ammonas erzählte, er habe vierzehn Jahre in der Sketis damit zugebracht, Tag und Nacht zu Gott zu beten, er möge ihn von seiner Wut befreien.

Abbas Pastor erklärte: »Die Tugend eines Mönchs kommt bei Versuchungen an den Tag.«

Ein Altvater sagte: »Wir kommen deswegen nicht weiter, weil wir unsere Grenzen nicht kennen und weil wir eine angefangene Arbeit nicht geduldig zu Ende bringen. Ganz ohne Mühe wollen wir in den Besitz von Tugenden gelangen.«

Ein Altvater sagte: »So wie ein Baum, der häufig verpflanzt wird, keine Früchte tragen kann, kann auch ein Mönch keine Frucht bringen, wenn er häufig seinen Wohnort wechselt.«

Ein Altvater sagte: »Die Mönchszelle ist jener babylonische Feuerofen, in dem die drei Kinder den Sohn Gottes fanden.* Sie ist aber auch die Wolkensäule, aus der heraus Gott zu Moses sprach.«

* Siehe Daniel 3.

Einmal kam ein Bruder zu Abbas Theodor von Pherme und bat ihn drei Tage lang um ein weises Wort. Der Abbas antwortete jedoch nicht, und so ging er traurig davon. Da fragte ein Schüler Abbas Theodor: »Vater! Warum hast du nicht zu ihm gesprochen? Jetzt ist er traurig fortgegangen.« Worauf dieser erwiderte: »Glaube mir, ich habe kein Wort zu ihm gesagt, weil er ein Worthändler ist und sich mit den Worten anderer nur selbst rühmt.«

Ein anderer Bruder stellte demselben Abbas Theodor Fragen über Dinge, die er selbst noch nie praktiziert hatte. Da sagte der Abbas zu ihm: »Bis jetzt hast du noch kein Schiff gefunden und hast auch dein Gepäck noch nicht an Bord gebracht. Du bist auch noch nicht in See gestochen. Wie kannst du da reden, als wärest du bereits in der Stadt, die du zu erreichen planst, angekommen? Wenn du die Dinge, nach denen du fragst, in die Tat umgesetzt hast, dann weißt du wenigstens, worüber du sprichst!«

Ein Richter einer Provinzstadt hörte von Abbas Moses und machte sich auf den Weg in die Sketis, um ihn zu besuchen. Jemand sagte dem Altvater, daß dieser Besucher kommen werde, und da erhob er sich und flüchtete in die Sümpfe. Dabei lief er jedoch dem Richter und seinen Begleitern in die Arme. Der Richter fragte ihn: »Sag uns, Altvater, wo ist die Zelle des Abbas Moses?« Der Altvater erwiderte: »Was wollt ihr von ihm? Der Mann ist ein Dummkopf und Ketzer!« Der Richter ging weiter und kam zur Kirche der Sketis und sagte zu den Geistlichen: »Ich habe von einem Abbas Moses gehört und bin gekommen, um ihn zu besuchen. Unterwegs begegneten wir einem alten Mann, der Richtung Ägypten lief. Wir fragten ihn, ob er wisse, wo die Zelle des Abbas Moses sei, und er antwortete: ›Was wollt ihr von ihm? Der Mann ist ein Dummkopf und Ketzer!‹« Als die Geistlichen das hörten, waren sie traurig und fragten: »Was für ein alter Mann war denn das? Wer hat euch nur so etwas über diesen heiligen Mann erzählt?« Sie antworteten: »Es war ein sehr alter Vater mit einer langen schwarzen Robe.« Daraufhin sagten die Geistlichen: »Das war bestimmt Abbas Moses selbst. Und weil er euch nicht empfangen wollte, hat er das zu euch gesagt.« Geistig erbaut kehrte der Richter nach Hause zurück.

Abbas Poimen sagte: »Wäre Nebusaradan, der Prinz aller Halunken, nicht nach Jerusalem gekommen, wäre der Tempel des Herrn nicht niedergebrannt worden.* Genauso würde auch der Geist des Menschen nicht durch die Versuchungen des Teufels entzündet, wenn nicht das Verlangen nach Völlerei in die Seele gekommen wäre.«

Einer der Brüder kam zu Abbas Silvanos beim Berg Sinai, und als er den Eremiten bei der Arbeit sah, rief er aus: »Warum arbeitest du für Brot, das doch vergänglich ist? Maria hat die beste Wahl getroffen, nämlich zu Füßen des Herrn zu sitzen und nicht zu arbeiten.« Da sagte der Abbas zu seinem Schüler Zacharias: »Gib dem Bruder ein Buch zu

* 2. Buch der Könige, 25.

lesen, und bring ihn in eine leere Zelle.« Zur neunten Stunde fragte sich der Bruder, der das Buch las, ob der Abbas ihn jetzt wohl zum Abendessen rufen würde. Kurz nach der neunten Stunde ging er dann selbst zum Abbas und fragte: »Haben die Brüder noch nicht gegessen, Vater?« »Ja gewiß doch«, sagte der Abbas, »sie haben gerade zu Abend gegessen.« »Nun«, entgegnete der Bruder, »warum hast du mich denn nicht gerufen?« »Du bist ein spiritueller Mann«, sagte der Altvater, »du brauchst diese vergängliche Nahrung doch nicht. Wir müssen arbeiten, aber du hast die beste Wahl getroffen. Du liest den ganzen Tag und kommst ohne zu essen aus.« Als er das hörte, sagte der Bruder: »Vergib mir, Vater.« Darauf sprach der Altvater: »Martha ist notwendig für Maria, denn weil Martha arbeitete, konnte Maria gepriesen werden.«

Einer der Mönche namens Serapion verkaufte sein Evangelium und gab das Geld den Hungrigen mit den Worten: »Ich habe das Buch verkauft, das mir auftrug, all meine Besitztümer zu verkaufen und das Geld den Armen zu geben.«

Einer der Brüder war von einem anderen beleidigt worden und wollte sich nun rächen. Er ging zu Abbas Sisoes und erzählte ihm, was geschehen war. »Ich werde mich rächen, Vater!« Aber der Altvater flehte ihn an, die Angelegenheit in die Hände Gottes zu legen. »Nein«, sagte der Bruder, »ich werde nicht eher ruhen, bis dieser Kerl für seine Worte bezahlt hat!« Da stand Abbas Sisoes auf und begann zu beten: »O Gott! Wir brauchen dich nicht mehr. Du brauchst dich nicht mehr um uns zu kümmern, weil wir – wie dieser

Bruder hier sagt – uns selbst rächen können und werden.«
Da versprach der Bruder, seine Rachegedanken aufzugeben.

Ein Bruder fragte Abbas Sisoes: »Angenommen, ein paar
Räuber oder Kriminelle greifen mich an und versuchen,
mich umzubringen. Wenn ich sie überwinden kann, sollte
ich sie dann selbst töten?« Der Abbas erwiderte: »Auf gar
keinen Fall! Vertraue dich lieber ganz Gott an. Wenn dir
etwas Böses widerfährt, gestehe, daß es dir wegen deiner
Sünden passiert ist. Denn du mußt lernen, alles dem weisen Ratschluß Gottes zuzuschreiben.«

Einst lebte in den Bergen ein bedeutender Eremit. Eines Tages wurde er von Räubern angegriffen. Seine Hilferufe alar-
mierten die Einsiedler in seiner Nachbarschaft, sie eilten
herbei und fingen die Räuber. Dann schickten sie sie unter
Bewachung in die Stadt, und der Richter ließ sie ins Gefängnis werfen. Da aber schämten sich die Brüder, und sie
waren traurig, weil ihretwegen die Räuber vor den Richter
gekommen waren. Sie gingen zu Abbas Poimen und erzählten ihm alles. Daraufhin schrieb dieser dem Eremiten:
»Vergiß nicht, wer den ersten Verrat begangen hat. Dann
wirst du den Grund für den zweiten erkennen. Wärest du
nicht zuerst von deinen eigenen inneren Gedanken betro-
gen worden, wäre es nie so weit gekommen, daß du die
Männer dem Richter übergeben hättest.« Berührt von diesen Worten stand der Eremit sofort auf, ging in die Stadt,
öffnete das Gefängnis und ließ die Räuber laufen. Damit
befreite er sie von der Folter.

Es war einmal ein Schüler eines griechischen Philosophen, der von seinem Meister den Auftrag erhielt, drei Jahre lang jedem, der ihn beleidigte, Geld zu schenken. Als diese Probezeit vorbei war, sagte der Meister zu ihm: »Jetzt kannst du nach Athen gehen und Weisheit erlernen.« Als der Schüler nach Athen kam, traf er auf einen Weisen, der am Eingangstor saß und jeden beleidigte, der kam und ging. Er beleidigte auch den Schüler, der sofort anfing zu lachen. »Warum lachst du, wenn ich dich beleidige?« fragte der Weise. »Weil ich drei Jahre lang für so etwas bezahlt habe«, sagte der Schüler, »und du es mir jetzt umsonst gibst.« »Geh in die Stadt«, sagte der Weise, »alles gehört dir.« Abbas Johannes pflegte diese Geschichte zu erzählen und dann hinzuzufügen: »Dies ist das Tor Gottes, durch das unsere Väter, hocherfreut über die vielen Leiden, in die Stadt des Himmels gelangten.«

Einmal wurde im Tal der Kellia ein Fest gefeiert, und die Brüder aßen gemeinsam auf dem Versammlungsplatz. Unter ihnen befand sich auch ein Bruder, der zu dem ihn bedienenden Bruder sagte: »Ich esse keine gekochte Speise, nur ein wenig Salz.«* Da rief dieser vor allen Versammelten einem anderen Bruder zu: »Dieser Bruder hier ißt keine gekochten Speisen. Bring ihm etwas Salz.« Daraufhin stand einer der Altväter der Gruppe auf und wandte sich an den Bruder, der nach Salz verlangt hatte: »Es wäre besser gewesen, du hättest allein in deiner Zelle Fleisch gegessen, als so viele Brüder diese Worte öffentlich hören zu lassen.«

* Salz wurde als Gewürz für trockenes Brot benutzt.

Ein Bruder hatte gesündigt, und der Priester sagte ihm, er müsse die Gemeinschaft verlassen. Da stand Abbas Bessarion auf und ging gemeinsam mit ihm hinaus, wobei er erklärte: »Auch ich bin ein Sünder.«

Ein Bruder in der Sketis beging einen Fehler. Da versammelten sich die Altväter und schickten auch nach Abbas Moses. Der wollte jedoch nicht kommen, woraufhin der Priester ihm folgende Botschaft schickte: »Komm! Die Gemeinschaft der Brüder wartet auf dich.« Also stand er auf und machte sich auf den Weg. Mit sich nahm er einen sehr alten, zerlöcherten Korb. Den füllte er mit Sand und zog ihn hinter sich her. Die Altväter kamen heraus, um ihn zu begrüßen, und fragten: »Was soll denn das, Vater?« Abbas Moses erwiderte: »Meine Sünden rieseln hinter mir heraus, und ich sehe sie nicht. Doch heute bin ich gekommen, über die Sünden eines anderen zu richten.« Als sie das hörten, sagten sie nichts zu dem Bruder, sondern vergaben ihm.

Ein Bruder fragte Abbas Pastor: »Was soll ich tun? Ich werde immer ganz nervös, wenn ich allein in meiner Zelle sitze und bete.« Der Altvater antwortete: »Verachte niemanden, verurteile niemanden, kritisiere niemanden. Gott wird dir Frieden schenken, und deine Meditation wird nicht gestört sein.«

Ein Altvater sagte: »Verurteile nicht einen, der Unzucht treibt, wenn du selbst keusch bist. Denn wenn du das machst, verletzt auch du das Gesetz, ebenso wie er. Denn der, der sagte, du sollst keine Unzucht treiben, sagte auch, du sollst andere nicht verurteilen.«

Einer der Väter erzählte die Geschichte eines Altvaters, der in seiner Zelle mit Arbeit beschäftigt war und einen härenen Rock trug, als Abbas Ammonas zu ihm kam. Als Abbas Ammonas sah, daß er ein Büßerhemd trug, sagte er zu ihm: »Das Ding wird dir nichts nützen.« Der Altvater sagte: »Drei Gedanken beunruhigen mich. Der erste drängt mich dazu, mich in die Wildnis zurückzuziehen; der zweite, ein fremdes Land aufzusuchen, in dem mich niemand kennt; und der dritte, mich in dieser Zelle mit Mauern zu umgeben, niemanden zu sehen und nur jeden zweiten Tag etwas zu essen.« Da sagte Abbas Ammonas: »Keiner dieser drei wird dir etwas nützen. Setz dich statt dessen in deine Zelle, iß jeden Tag ein wenig, und bewahre immer die Worte in deinem Herzen, die im Evangelium stehen und die vom Zöllner* gesagt wurden. Auf diese Weise kannst du gerettet werden.«

Man erzählte von Abbas Johannes dem Kurzen, daß er zu seinem älteren Bruder gesagt habe: »Ich möchte in derselben Sicherheit leben wie die Engel, nicht arbeiten, sondern

---

* »Herr erbarme dich! Ich bin ein Sünder.« Das ist die Grundlage für das »Jesusgebet«, das häufig wiederholt und in allen orientalischen Klöstern praktiziert wird.

Gott ohne Unterlaß dienen.« Damit legte er alles ab, was er anhatte, und machte sich auf in die Wüste. Nach einer Woche kehrte er zu seinem Bruder zurück. Als er an die Tür klopfte, rief sein Bruder, ehe er öffnete: »Wer bist du?« Er antwortete: »Ich bin Johannes.« Da antwortete sein Bruder: »Johannes ist ein Engel geworden und weilt nicht mehr unter den Menschen.« Aber Johannes hörte nicht auf zu klopfen und rief: »Ich bin es.« Doch der Bruder öffnete immer noch nicht, sondern ließ ihn warten. Schließlich öffnete er die Tür mit den Worten: »Wenn du ein Mensch bist, mußt du anfangen zu arbeiten, um leben zu können. Bist du aber ein Engel, warum willst du dann in eine Zelle kommen?« Da tat Johannes Buße und sagte: »Vergib mir, mein Bruder. Ich habe gesündigt.«

Abbas Pastor erklärte: »Hast du einen Schrank voller Kleider und läßt sie eine lange Zeit dort, dann werden sie verrotten. Dasselbe gilt für die Gedanken in unserem Herzen. Setzt du sie nicht durch körperliches Handeln in die Tat um, dann verderben sie nach einiger Zeit und werden schlecht.«

Derselbe Vater sagte auch: »Wenn drei Mönche zusammenleben und einer von ihnen ständig in schweigendem Gebet verweilt, ein anderer krank und dafür dankbar ist, und der dritte sich aufrichtig um diese beiden kümmert, dann sind diese drei gleich, als führten sie dieselbe Arbeit aus.«

Ein anderes Mal sagte er: »Böses wird niemals Böses vertreiben. Doch wenn dir jemand etwas Böses antut, sollst du ihm etwas Gutes tun, so daß du mit deinem guten Werk sein böses zerstörst.«

Er erklärte auch: »Wer streitsüchtig ist, ist kein Mönch. Wer Böses mit Bösem vergilt, ist kein Mönch. Wer wütend wird, ist kein Mönch.«

Ein Bruder kam zu Abbas Pastor und sagte: »Viele Gedanken kommen mir in den Sinn, die mich ablenken, und ihretwegen befinde ich mich in Gefahr.« Da warf der Altvater ihn hinaus und sagte: »Zieh dein Hemd aus und fang damit den Wind!« »Das kann ich nicht«, erwiderte er. Da sagte Abbas Pastor zu ihm: »So wenig, wie du den Wind fangen kannst, kannst du verhindern, daß dir Gedanken in den Sinn kommen, die dich ablenken. Deine Aufgabe ist es, nein zu ihnen zu sagen.«

Abbas Ammonas sagte: »Ein Mann trägt sein Leben lang eine Axt, fällt aber nie einen Baum. Ein anderer weiß, wie man Bäume fällt, schlägt einige Male zu, und der Baum liegt am Boden. Diese Axt heißt Besonnenheit.«

Ein Bruder fragte Abbas Pastor: »Meine Seele leidet darunter, daß ich bei meinem spirituellen Vater lebe. Was soll ich also tun? Soll ich bei ihm bleiben?« Nun wußte Abbas Pastor, daß die Seele dieses Bruders von jenem anderen Abbas geschädigt wurde. Er wunderte sich sogar, warum der Bruder überhaupt die Frage stellte, ob er bei ihm bleiben solle. Also antwortete er: »Wenn du willst, bleib bei ihm.« Da ging der Bruder fort und blieb bei dem Vater. Aber er kam bald wieder zurück und sagte zu Abbas Pastor: »Es lastet sehr auf meiner Seele!« Doch Abbas Pastor riet ihm immer noch nicht, jenen Mann zu verlassen. Schließlich kam der Bruder ein drittes Mal und sagte: »Glaube mir, ich habe genug von ihm!« Da sagte der Abbas: »Siehst du? Jetzt bist du gerettet. Geh und hab nichts mehr mit ihm zu schaffen!« Dann fügte er hinzu: »Wenn jemand sieht, daß seine Seele leidet, muß er deswegen niemanden um Rat fragen. Ist es eine Angelegenheit von heimlichen Gedanken, dann fragt man um Rat, damit die Altväter sie prüfen können. Handelt es sich aber um offensichtliche Sünden, gibt es keinen Grund zu fragen. Dann bricht man die Verbindung sofort ab.«

Abbas Palladios sagte: »Die Seele, die nach dem Willen Gottes leben möchte, sollte entweder treu das lernen, was sie noch nicht weiß, oder ganz offen das lehren, was sie bereits weiß. Wenn sie aber, falls ihr das möglich ist, keines von beiden tun möchte, dann wird sie vom Wahnsinn heimgesucht. Denn der erste Schritt fort von Gott ist die Abneigung gegen das Lernen sowie mangelnder Appetit auf die Dinge, nach denen die Seele auf der Suche nach Gott hungert.«

Einer der Altväter erklärte: »Läßt sich jemand an einem bestimmten Ort nieder und bringt nicht die Frucht dieses Ortes hervor, dann wirft der Ort selbst ihn hinaus als jemanden, der seine Früchte nicht trägt.«

Ein Altvater wurde gefragt: »Was bedeutet es, wenn wir in der Bibel lesen: ›Der Weg ist gerade und schmal‹?« Und der Altvater erwiderte: »Dies ist der gerade und schmale Weg, daß ein Mensch seinen Beurteilungen Gewalt antut und sich um der Liebe Gottes willen von den Wünschen seines eigenen Willens lossagt. Folgendes steht über die Apostel geschrieben: ›Siehe, wir haben alles zurückgelassen und sind Dir gefolgt.‹«

Einer der Altväter sagte: »Wir sind nicht verdammt, weil uns böse Gedanken kommen, sondern weil wir diese bösen Gedanken benutzen. Es kann geschehen, daß wir aufgrund dieser bösen Gedanken Schiffbruch erleiden, aber es kann auch geschehen, daß wir gekrönt werden.«

Ein anderer Altvater sagte: »Es kommt vor, daß jemand sehr viel ißt und doch hungrig bleibt, während ein anderer sehr wenig ißt und satt wird. Der größere Lohn gebührt dem, der viel aß und noch hungrig ist, und nicht dem, der wenig aß und gesättigt ist.«

Einst gab es einen Bruder, den alle anderen in der Gegenwart des Abbas Antonius priesen, doch als der Altvater ihn prüfte, stellte er fest, daß er es nicht ertragen konnte, wenn man ihn beleidigte. Da sprach Abbas Antonius zu ihm: »Bruder, du bist wie ein Haus mit einem großen massiven Eingangstor, zu dem jedoch alle Diebe durch die Fenster freien Zugang haben.«

Einmal kam ein Bruder zu Abbas Poimen: »Was soll ich tun, Vater? Ich bin sehr traurig.« Der Altvater antwortete ihm: »Verachte niemals jemanden, verurteile niemanden, sage nie etwas Schlechtes über jemanden, und der Herr wird dir Frieden schenken.«

Einer der Brüder fragte einen Altvater: »Vater, wissen die heiligen Männer immer, wenn die Kraft Gottes in ihnen ist?« Und der Altvater antwortete: »Nein, sie wissen es nicht immer. Zum Beispiel hatte einmal der Schüler eines bedeutenden Eremiten etwas falsch gemacht, und der Eremit sagte zu ihm: ›Verschwinde und verrecke meinetwegen!‹ Sofort fiel der Schüler um und war tot. Den Eremit packte der Schrecken, und er betete zu Gott: ›Herr Jesus Christus, ich bitte Dich, erwecke meinen Schüler wieder zum Leben! Von jetzt an werde ich auch gut darauf aufpassen, was ich sage!‹ Da wurde der Schüler sofort wieder lebendig.«

Einer der Altväter sagte oft: »Am Anfang, als wir zusammenkamen, sprachen wir immer über etwas, das gut für unsere Seelen war, und wir stiegen immer höher und höher, bis in den Himmel. Doch jetzt kommen wir zusammen und verbringen die Zeit damit, alles zu kritisieren, und wir ziehen uns gegenseitig hinunter in den Abgrund.«

Wieder ein anderer Altvater erklärte: »Siehst du, daß ein junger Mönch allein in den Himmel klettern will, dann packe ihn am Fuß und wirf ihn zu Boden; denn was er da tut, ist nicht gut für ihn.«

Sterbend sprach Abbas Bessarion: »Ein Mönch sollte ganz Auge sein, wie die Cherubim und Seraphim.«

Abbas Pastor sagte: »Halte dich von Menschen fern, die immer nur debattieren, wenn sie reden.«

Ein Altvater sagte: »Widme dich dem Schweigen, hege keine nichtigen Gedanken, sei in deine Meditation vertieft, ob du nun betend sitzt oder aufstehst und in Gottesfurcht arbeitest. Machst du das, dann hast du keine Angst vor den Angriffen der Bösen.«

Ein anderer Altvater sprach: »Sind die Augen eines Ochsen oder Maulesels verdeckt, dann geht er im Kreis herum und treibt damit das Mühlrad an. Sind seine Augen aber nicht verdeckt, wird er nicht im Kreis des Mühlrades herumgehen. So ist es auch bei den Menschen. Gelingt es dem Teufel, einem Menschen die Augen zu verdecken, kann er ihn auf jede Art demütigen und sündigen lassen. Sind seine Augen aber nicht geschlossen, kann er dem Teufel ganz leicht entkommen.«

Einige Brüder kamen aus der Thebais, um Leintuch zu kaufen, und sagten zueinander: »Bei dieser Gelegenheit können wir den gesegneten Arsenius besuchen.« Als sie zu seiner Höhle kamen, ging sein Schüler Daniel hinein und erzählte ihm von ihrem Wunsch. Arsenius erwiderte: »Geh, mein Sohn, begrüße und ehre sie. Aber gestatte mir, zum Himmel zu schauen. Laß sie ihrer Wege ziehen. Mein Gesicht sollen sie nicht erblicken.«

Die heiligen Väter kamen zusammen und sprachen darüber, was in der letzten Generation geschehen werde. Vor allem einer von ihnen – er hieß Squirion – erklärte: »Wir erfüllen jetzt die Gebote Gottes.« Da fragten ihn die Väter: »Wie aber steht es mit denen, die nach uns kommen?« Er antwortete: »Vielleicht wird die Hälfte von ihnen die Gebote Gottes befolgen und nach dem ewigen Gott suchen.« Und die Väter fragten: »Die nach jenen kommen, was werden sie tun?« Er antwortete: »Die Menschen jener Generation werden nicht nach den Geboten Gottes handeln und werden Seine Gebote vergessen. Zu der Zeit wird es das Böse im Überfluß geben, und die Nächstenliebe vieler Menschen wird erkalten. Und eine furchtbare Prüfung wird ihnen auferlegt werden. Die sich bei dieser Prüfung als würdig erweisen, werden besser sein als wir, besser noch als unsere Väter. Sie werden glücklicher sein, und sie werden ihre Tugenden vollendeter unter Beweis stellen.«

Abbas Arsenius lebte in einer Zelle, gut fünfzig Kilometer von seinem nächsten Nachbarn entfernt, und er verließ sie nur selten. Was er benötigte, brachten ihm seine Schüler. Als aber die Wüste Sketis, in der er lebte, von Eremiten bevölkert wurde, ging er dort weinend fort und sagte: »Weltliche Menschen haben Rom zugrunde gerichtet, und Mönche haben die Sketis ruiniert.«

Abraham, der Schüler des Abbas Sisoes, sagte zu ihm: »Vater, du bist ein alter Mann. Laß uns in die Welt zurückgehen.« Abbas Sisoes erwiderte: »Gut, wir werden dorthin gehen, wo es keine Frauen gibt.« Darauf sagte sein Schüler: »Wo gibt es denn keine Frauen, außer hier in der Wüste?« Der Altvater erwiderte: »Deshalb bring mich in die Wüste.«

Man erzählt sich folgende Geschichte von einem Altvater, der in der Sketis im Sterben lag. Die Brüder umringten sein Bett, zogen ihm das Totenhemd an und fingen an zu weinen. Doch er öffnete seine Augen und lachte. Er lachte noch einmal und noch ein drittes Mal. Als die Brüder dies sahen, fragten sie ihn: »Sag uns, Vater, warum lachst du, wo wir doch weinen?« Er sprach zu ihnen: »Ich lachte das erste Mal, weil ihr Angst vor dem Tod habt. Das zweite Mal lachte ich, weil ihr noch nicht bereit seid zu sterben. Und das dritte Mal lachte ich, weil ich von der Arbeit zu meiner Ruhe gehe.« Kaum hatte er das gesagt, da schloß er seine Augen im Tod.

Abbas Lot kam zu Abbas Joseph und sagte: »Vater, meinen Fähigkeiten entsprechend halte ich mich an meine kleine Regel, mein kleines Fasten, mein Gebet, meine Meditation und an meine kontemplative Stille. Und gemäß meinen Fähigkeiten strebe ich danach, mein Herz von Gedanken zu reinigen. Was soll ich nun noch tun?« Abbas Joseph erhob sich, streckte seine Hände zum Himmel aus, und seine Finger wurden wie zehn Feuerlampen. Dann sprach er: »Warum nicht ganz zu Feuer werden?«

Man sagte von Abbas Sisoes, daß sein Geist ganz schnell in den Himmel fortgetragen würde, wenn er nicht schnell seine Hände senkte und aufhörte zu beten. Wenn er mit anderen Brüdern gemeinsam betete, senkte er rasch seine Hände, damit sein Geist nicht fortgetragen würde und er womöglich in einer anderen Welt bliebe.

Einer der Väter sagte: »So, wie es einem Menschen nicht möglich ist, sein Gesicht in aufgewühltem Wasser gespiegelt zu sehen, so kann auch die Seele erst dann in Kontemplation zu Gott beten, wenn sie von fremdartigen Gedanken gereinigt ist.«

Ein Bruder blieb eine Weile bei einem Einsiedler, und als er weiterziehen wollte, sagte er: »Vergib mir, Vater, denn ich habe deine Regel unterbrochen.« Doch der Eremit erwiderte: »Meine Regel lautet, dich in Gastfreundschaft aufzunehmen und dich in Frieden ziehen zu lassen.«

Ein Bruder sagte zu Abbas Pastor: »Wenn ich einem meiner Brüder ein Stück Brot oder so etwas gebe, verderben die Dämonen alles, und es kommt mir so vor, als hätte ich das nur getan, um den Menschen zu schmeicheln.« Abbas Pastor antwortete darauf: »Selbst wenn deine gute Tat nur dazu diente, anderen zu schmeicheln, müssen wir trotzdem unseren Brüdern geben, was sie brauchen.« Dann erzählte er ihm eine Geschichte. »In einem Dorf lebten einmal zwei Bauern. Einer bestellte sein Feld und hatte nur eine dürftige und minderwertige Ernte. Der andere hatte nichts gesät und erntete gar nichts. Wer von den beiden wird im Falle einer Hungersnot überleben?« Der Bruder antwortete: »Der erste, auch wenn seine Ernte nur dürftig und minderwertig war.« Abbas Pastor erwiderte: »Also wollen auch wir säen, selbst wenn unsere Saat dürftig und minderwertig ist. Denn sonst werden wir in Zeiten des Hungers sterben.«

Abbas Hyperechios sagte: »Die Aufgabe eines Mönches besteht darin zu gehorchen. Erfüllt er sie, wird ihm das gewährt, worum er im Gebet bittet, und er wird zuversichtlich vor dem gekreuzigten Christus stehen. Denn so ist der Herr selbst zu Seinem Kreuz gekommen, durch Gehorsam bis in den Tod.«

Einige Altväter kamen einmal zu Abbas Antonius, und unter ihnen befand sich auch Abbas Joseph. Abbas Antonius wollte sie prüfen und lenkte das Gespräch auf die Heilige Schrift. Er begann beim Jüngsten und fragte ihn nach der Bedeutung dieser oder jener Textstelle. Jeder antwortete, so gut er konnte, doch Abbas Antonius sagte zu ihnen: »Ihr habt es noch nicht begriffen.« Schließlich fragte er auch Abbas Joseph: »Wie steht es mit dir? Was bedeutet dieser Text deiner Meinung nach?« Abbas Joseph antwortete: »Ich weiß es nicht!« Da sagte Abbas Antonius: »Wahrlich, allein Abbas Joseph hat den Weg gefunden, denn er antwortet, daß er es nicht weiß.«

Johannes von Theben sagte: »Vor allem muß ein Mönch demütig sein. Dies ist das erste Gebot des Herrn, der sagte: ›Selig sind die geistig Armen, denn ihnen gehört das Himmelreich.‹«

Einmal befand sich Abbas Makarios auf dem Weg von den Sümpfen nach Hause zu seiner Zelle. Er trug Schilfrohr und begegnete unterwegs dem Teufel, der eine Sichel bei sich hatte. Der Teufel versuchte, ihn mit seiner Sichel zu erwischen, schaffte es aber nicht. Da sagte er zu ihm: »Du tust mir sehr weh, und ich leide, Makarios, weil ich dich nicht überwinden kann. Denn siehe, ich mache alles, was du tust. Du fastest, und ich esse gar nichts. Du hältst Wache, und ich schlafe nie. Aber da gibt es etwas, in dem du mir immer überlegen bist.« »Und was ist das?« fragte Abbas Makarios. »Deine Demut«, erwiderte der Teufel. »Denn ihretwegen kann ich dich nicht überwinden.«

Abbas Pastor wurde von einem Bruder gefragt: »Wie soll ich mich dort, wo ich wohne, benehmen?« Der Abbas antwortete: »Sei so vorsichtig wie ein Fremder. Wo immer du auch sein magst, wünsche dir nicht, daß dein Wort vor dir Macht habe, und du wirst Ruhe finden.«

Abbas Pastor sagte: »Ein Mensch muß Demut und Gottesfurcht ebenso ununterbrochen atmen, wie er die Luft ein- und ausatmet.«

Abbas Alonios erklärte: »Demut heißt das Land, in das wir nach Gottes Willen gehen und in dem wir Opfer bringen sollen.«

Einer der Altväter wurde gefragt, was Demut sei, und er antwortete: »Wenn du einem Bruder, der dich verletzt hat, vergibst, noch ehe er dich um Verzeihung bittet.«

Ein Bruder fragte einen Altvater: »Was ist Demut?« Der Altvater antwortete ihm: »Denen Gutes zu tun, die dir Böses tun.« Der Bruder fragte: »Angenommen, jemand kann nicht so weit gehen. Was soll er dann tun?« Der Altvater erwiderte: »Er soll ihnen entkommen und seinen Mund halten.«

Einem der Brüder erschien ein Teufel in Gestalt eines Lichtengels und sprach zu ihm: »Ich bin der Engel Gabriel, und ich bin zu dir geschickt worden.« Aber der Bruder sagte: »Denk noch einmal gut nach – du wurdest bestimmt zu jemand anderem geschickt. Ich habe nichts getan, das einen Engel verdiente.« Da verschwand die Erscheinung des Teufels sofort.

Man erzählte sich von einem der Altväter, daß er es durchgehalten habe, siebzig Wochen lang zu fasten, wobei er nur einmal in der Woche etwas aß. Dieser Altvater bat Gott, ihm die Bedeutung einer bestimmten Textstelle zu verraten, aber Gott offenbarte sie ihm nicht. Da sagte er zu sich selbst: »Sieh dir all die Werke an, die ich getan habe, und ich habe doch nichts erreicht! Ich werde zu einem der Brüder gehen und ihn fragen.« Als er hinausgegangen war, die Tür geschlossen hatte und sich auf den Weg machte, wurde ein Engel zu ihm geschickt, der sprach: »Die siebzig Wochen, die du gefastet hast, haben dich Gott nicht nähergebracht. Aber jetzt hast du dich gedemütigt und dich auf den Weg gemacht, deinen Bruder zu fragen. Deshalb wurde ich gesandt, dir die Bedeutung jener Textstelle zu offenbaren.« Und er erklärte ihm den Sinn, nach dem er gefragt hatte, und ging fort.

Abbas Pastor sagte: »Jeder Kummer, der deines Weges kommt, kann mit Schweigen bewältigt werden.«

Amma Synkletika, seligen Gedenkens, erklärte: »Ungläubigen, die sich zu Gott bekehrt haben, stehen Arbeit und harte Kämpfe bevor, aber danach folgt unaussprechliche Freude. Ein Mann, der ein Feuer anzünden will, wird zuerst vom Rauch geplagt. Der Rauch treibt ihm Tränen in die Augen, doch schließlich bekommt er das erwünschte Feuer. Und so steht es auch geschrieben: ›Unser Gott ist ein verzehrendes Feuer.‹* Deshalb sollten auch wir das göttliche Feuer in uns durch Mühe und unter Tränen entfachen.«

In Niederägypten lebte ein Bruder, ein sehr berühmter Eremit, der ganz allein in einer einsamen Gegend wohnte. Nun brachte Satan es fertig, daß eine flatterhafte Frau zu einigen jungen Männern sagte: »Was gebt ihr mir, wenn ich hinausgehe und diesen Eremiten zu Fall bringe?« Sie kamen

* Hebräer 12,29.

überein, daß sie ihr eine bestimmte Summe geben würden. Eines Abends ging sie dann hinaus zu seiner Zelle und gab vor, sich verlaufen zu haben. Sie klopfte an seine Tür, und er kam heraus. Als er sie sah, war er beunruhigt und fragte sie: »Wie bist du hierhergekommen?« Sie tat so, als würde sie weinen, und schluchzte: »Ich habe mich verlaufen.« Von Mitleid bewegt ließ er sie in das vordere Zimmer seiner Zelle kommen. Er aber ging in das innere Zimmer und verschloß die Tür. Aber die unselige Frau rief: »Vater, hier draußen werden mich die wilden Tiere fressen!« Wieder war der Altvater beunruhigt, dachte an das Gericht Gottes und sagte: »Wie konnte mir so etwas Schreckliches passieren?« Aber er öffnete die Tür und ließ sie herein. Und der Teufel schoß flammende Pfeile in sein Herz. Doch im Inneren sagte er zu sich selbst: »Die Wege des Feindes sind Finsternis, und der Sohn Gottes ist Licht.« Also zündete er eine Lampe an. Doch die Versuchung ging weiter, und er sagte zu sich: »Nun, jetzt werden wir ja sehen, ob du die Flammen der Hölle aushalten kannst.« Und er streckte einen Finger in die Flamme. Aber obwohl die Flamme ihn verbrannte, spürte er es nicht. So stark brannte das Feuer der Lust in ihm. Und so machte er weiter bis zum Morgen und verbrannte sich alle Finger. Die unselige Frau beobachtete, was er da machte, und war so entsetzt, daß sie zu Stein erstarrte. Am Morgen kamen die beiden Männer zu dem Eremiten und fragten: »Ist letzte Nacht eine Frau hier gewesen?« »Ja«, sagte der Eremit, »sie liegt dort drüben und schläft.« Sie aber riefen: »Vater, sie ist ja tot!« Da warf er seinen Umhang zurück, zeigte ihnen seine Hände und sagte: »Seht, was sie mit mir gemacht hat, diese Höllentochter! Sie kostete mich alle meine Finger!« Dann erzählte er ihnen alles, was geschehen war, und schloß mit den Worten: »Es steht geschrieben, du sollst nicht Böses mit Bösem vergelten.« Dann sprach er ein Gebet, und sie erwachte wieder zum Leben. Sie war bekehrt und lebte den Rest ihres Lebens in Keuschheit.

Abbas Pastor erzählte, daß Abbas Johannes der Kurze zum Herrn gebetet hatte, und der Herr alle seine Leidenschaften von ihm fortnahm und er vollkommen gefühllos wurde. In diesem Zustand ging er zu einem der Altväter und sagte: »Du siehst hier vor dir einen Mann, der sich in vollkommener Ruhe befindet und keine Versuchungen mehr kennt.« Der Altvater erwiderte: »Geh und bete zum Herrn, daß er einen Kampf in dir entfache, denn die Seele reift nur in Kämpfen.« Und als die Anfechtungen wieder begannen, betete er nicht mehr darum, daß sie fortgenommen würden, sondern er bat nur: »Herr, gib mir die Kraft, den Kampf durchzustehen.«

Abbas Makarios reiste von der Sketis zu einem Ort namens Terenuthin. Er verbrachte die Nacht in einer Pyramide, in der Jahre zuvor die Körper von Heiden zur Ruhe gelegt worden waren. Dort zerrte er eine der Mumien hervor und legte sie sich als Kissen unter den Kopf. Als die Teufel sahen, wie kühn er war, wurden sie zornig und beschlossen, ihn zu erschrecken. So riefen sie nach ihm aus den anderen Leichen heraus, als riefen sie nach einer Frau: »Schöne Frau, komm mit uns zu den Bädern.« Und ein anderer Dämon, als wäre er der Geist einer Frau, rief aus dem Körper, den der Altvater als Kopfkissen benutzte: »Dieser Fremde hält mich fest, und ich kann nicht mitkommen.« Aber Abbas Makarios war alles andere als verängstigt und trommelte auf den Leichnam ein mit den Worten: »Steh auf und geh schwimmen, wenn du kannst!« Als sie das hörten, riefen die Dämonen: »Du hast gewonnen!« und rannten verwirrt davon.

Von Abbas Milido wird folgendes erzählt. Er lebte mit zwei Schülern in Persien. Eines Tages gingen die Söhne des Kaisers auf eine große Jagd und breiteten im Umkreis von sechzig Kilometern ihre Netze aus. Sie waren entschlossen, alles zu töten, was sie darin fingen. Und sie fanden auch Abbas Milido mit seinen beiden Schülern in den Netzen. Als sie ihn erblickten, ganz voller Haare (er war schrecklich anzusehen!), waren sie erstaunt und fragten ihn, ob er ein Mensch sei oder irgendein Geist. Er antwortete: »Ich bin ein Mensch und ein Sünder, und ich bin hierhergekommen, um meine Sünden zu beweinen und den Sohn des lebendigen Gottes zu verehren.« Darauf antworteten sie: »Es gibt keinen Gott außer Sonne, Wasser und Feuer. Verehre diese, bring ihnen Opfer dar.« »O nein, das werde ich nicht!« antwortete jener, »das sind nämlich auch nur Geschöpfe. Ihr habt unrecht. Auch ihr solltet den wahren Gott anerkennen, der all diese Dinge und auch alles andere geschaffen hat.« »Ein zum Tode verurteilter und gekreuzigter Verbrecher ist das, was du einen Gott nennst!« verspotteten sie ihn. »Er, der gekreuzigt wurde, hat den Tod überwunden«, antwortete Abbas Milido, »und Ihn nenne ich den wahren Gott.« Da nahmen sie ihn mit, stellten ihn als Zielscheibe auf und schossen von allen Seiten mit Pfeilen auf ihn. Als sie das taten, prophezeite der Altvater ihnen: »Morgen um eben diese Stunde wird eure Mutter kinderlos sein!« Sie lachten ihn aus und begaben sich am nächsten Tag wieder auf die

Jagd. Da geschah es, daß ein Hirsch die Netze durchbrach, und sie verfolgten ihn mit ihren Pferden. Sie kamen von entgegengesetzten Seiten auf den Hirsch zu und schossen ihre Pfeile auf ihn ab, trafen sich aber gegenseitig ins Herz. So starben sie, wie es der Altvater vorhergesagt hatte.

Einmal kamen einige Räuber ins Kloster und sagten zu einem der Altväter: »Wir sind gekommen, um alles, was in deiner Zelle ist, mitzunehmen.« Er antwortete: »Meine Söhne, nehmt nur alles, was ihr wollt.« So nahmen sie alles, was sie in der Zelle finden konnten, und machten sich auf und davon. Sie ließen aber einen kleinen Beutel zurück, der in der Zelle versteckt war. Der Altvater hob ihn auf, rannte hinter ihnen her und rief: »Meine Söhne! Nehmt auch dies noch. Das habt ihr in der Zelle vergessen!« Sie waren so erstaunt über die Geduld des Altvaters, daß sie alles wieder in die Zelle zurückbrachten und mit den Worten bereuten: »Dies ist wirklich ein Mann Gottes!«

Es gab einmal einen Altvater, bei dem ein bewährter Novize lebte. Einmal, als er sich ärgerte, warf er den Novizen aus der Zelle hinaus. Doch der Novize setzte sich draußen vor der Zelle hin und wartete auf den Altvater. Als dieser die Tür öffnete und ihn dort sitzen sah, bereute er es: »Du bist mein Vater, denn deine Geduld und deine Demut haben die Schwäche meiner Seele überwunden. Komm wieder herein. Du kannst der Altvater des Vaters sein, ich bin jetzt der Neuling und Novize. Denn mit deinem guten Werk hast du mein Alter übertroffen.«

Ein Bruder fragte einmal einen Altvater: »Es gibt da zwei Brüder, von denen der eine immer in seiner Zelle bleibt, sechs Tage lang fastet und sehr viele Bußübungen ausführt. Der andere kümmert sich um die Kranken. Wessen Werk gefällt Gott mehr?« Der Altvater erwiderte: »Selbst wenn sich jener Bruder, der sechs Tage lang fastet, an seiner eigenen Nase aufhinge, käme er doch nicht dem Bruder gleich, der sich um die Kranken kümmert.«

Abbas Agathon ermahnte seinen Schüler sehr häufig: »Erwirb niemals etwas, das du nur ungern einem Bruder gäbest, wenn er dich darum bäte. Denn damit würdest du gegen das Gebot Gottes verstoßen. Wenn dich jemand um etwas bittet, gib es ihm, und wenn jemand sich etwas von dir leihen möchte, wende ihm nicht den Rücken zu.«

Ein Bruder fragte einen Altvater: »Wenn mir ein Bruder etwas Geld schuldet, meinst du, ich sollte ihn auffordern, es mir zurückzugeben?« Der Altvater antwortete: »Bitte ihn nur einmal darum, und zwar in Demut.« Der Bruder sagte: »Angenommen, ich bitte ihn einmal, aber er gibt es mir nicht. Was soll ich dann tun?« Da erwiderte der Altvater: »Dann bitte ihn nicht weiter.« Da sagte der Bruder wieder: »Aber was soll ich denn tun? Ich kann nicht aufhören, mir seinetwegen Sorgen zu machen, es sei denn, ich gehe zu ihm und bitte ihn!« Der Altvater antwortete: »Vergiß deine Sorgen! Wichtiger ist, deinen Bruder nicht traurig zu machen, denn du bist ein Mönch.«

Als die Leute kamen, um von Abbas Agathon die Dinge zu kaufen, die er selbst angefertigt hatte, verkaufte er sie in Frieden. Sein Preis für ein Sieb war einhundert Geldstücke und für einen Korb zweihundertundfünfzig. Wenn ein Käufer kam, nannte er den Preis und nahm dann schweigend, was immer er ihm gab; er zählte die Münzen nie nach. Denn er sagte: »Was nützt es mir, wenn ich mit den Käufern diskutiere und sie vielleicht in die Sünde führe, wenn sie einen Meineid leisten. Und wenn ich dann etwas mehr Geld hätte, würde ich es ohnehin den Brüdern geben. Gott möchte keine Almosen dieser Art von mir, und es gefällt Ihm nicht, wenn ich jemanden in die Sünde führe, nur um meine Opfergaben darbringen zu können.« Da fragte ihn einer der Brüder: »Und wie wirst du jemals genug Brot in deiner Zelle haben?« Darauf antwortete er: »Was nützt mir in meiner Zelle das Brot der Menschen?«

Es gab einmal einen Altvater, der zu den Menschen, die ihn verleumdet hatten und in seiner Nähe wohnten, persönlich hinging und ihnen Geschenke brachte. Lebte aber einer, der ihn beleidigt hatte, weiter weg, dann schickte er ihm Geschenke durch andere.

Abbas Antonius belehrte Abbas Ammonas mit den Worten: »Du mußt, was Gottesfurcht betrifft, noch Fortschritte machen.« Dann führte er ihn aus der Zelle heraus, zeigte ihm einen Stein und sagte: »Beleidige diesen Stein und schlage unaufhörlich auf ihn ein.« Als er das getan hatte, fragte ihn der heilige Antonius, ob der Stein dazu etwas gesagt habe.

»Nein!« antwortete Ammonas. Darauf sprach Abbas Antonius: »Auch du mußt an diesen Punkt kommen und auf Beleidigungen nicht mehr reagieren.«

Abbas Pastor sagte: »So wie Rauch die Bienen vertreibt und man ihnen dann den Honig wegnimmt, so treibt ein leichtfertiges Leben die Furcht vor dem Herrn aus der Seele eines Menschen und nimmt ihm alle seine guten Werke fort.«

Ein Philosoph fragte einmal den heiligen Antonius: »Vater, wie kannst du so glücklich sein, wenn du des Trostes durch die heiligen Bücher beraubt bist?« Antonius erwiderte: »Mein Buch, Philosoph, ist die Natur der erschaffenen Dinge, und immer, wenn ich die Worte Gottes lesen möchte, liegt dieses Buch vor mir.«

Ein Provinzrichter wollte Abbas Simon besuchen. Als dieser ihn und seine Begleiter jedoch kommen sah, nahm er seinen Gürtel ab und kletterte auf eine Dattelpalme, als wäre er ein Arbeiter, der Datteln pflückt. Sie kamen näher und fragten ihn: »Wo ist der Eremit, der in diesem Teil der Wüste lebt?« Darauf antwortete er: »In dieser Gegend gibt es keinen Eremiten.« Daraufhin gingen sie wieder fort. Ein anderes Mal kam ein anderer Richter, um ihn zu besuchen, und seine Begleiter liefen ihm voraus und sagten: »Vater, bereite dich vor. Ein Richter, der von dir gehört hat, befindet sich auf dem Weg hierher und möchte um deinen Segen bitten.« Abbas Simon erwiderte: »Ihr könnt sicher sein, daß ich mich vorbereite.« Dann bedeckte er sich mit all seinen Kleidungsstücken, nahm etwas Brot und Käse, setzte sich in den Eingang zu seiner Zelle und fing an zu essen. Der Richter und seine Begleiter kamen, und als sie ihn essen sahen, begrüßten sie ihn verächtlich. »Ist dies etwa der Einsiedler, der Mönch, von dem wir so viel gehört haben?« fragten sie, drehten sich um und gingen zurück, woher sie gekommen waren.

Abbas Joseph fragte Abbas Pastor: »Sage mir, wie ich ein Mönch werden kann!« Abbas Pastor erwiderte: »Wenn du hier in diesem Leben und auch im nächsten Ruhe finden möchtest, dann frage dich immer, wenn du eine Auseinandersetzung mit jemandem hast: ›Wer bin ich?‹ Und beurteile niemanden.«

Einmal unterhielt sich Abbas Antonius mit einigen Brüdern, als ein Jäger auf der Suche nach Beute in der Wildnis auf sie stieß. Er sah, daß Abbas Antonius und die Brüder Spaß hatten, und mißbilligte das. Da wandte sich Abbas Antonius an ihn: »Leg einen Pfeil in deinen Bogen und schieß ihn ab!« Das tat er. »Jetzt schieße noch einen ab«, forderte der Altvater ihn auf. Und noch einen, und noch einen. Der Jäger erklärte schließlich: »Wenn ich meinen Bogen dauernd biege, dann wird er brechen.« Darauf antwortete Abbas Antonius: »So ist es auch mit dem Werk Gottes. Wenn wir uns über alle Maßen anstrengen, werden die Brüder schnell zusammenbrechen. Deshalb ist es rechtens, wenn sie sich ab und zu von ihren Bemühungen erholen und sich entspannen.«

Ein heiliger Vater sagte einmal zu den Mönchen, die ihn nach dem Sinn des Entsagens fragten: »Meine Söhne! Es ist richtig, daß wir jegliche Ruhe in diesem Leben hassen sollten und auch die Vergnügungen des Körpers und die Freuden des Magens. Und laßt uns nicht nach der Ehre der Menschen streben! Dann wird uns unser Herr Jesus Christus himmlische Ehren geben, Ruhe im ewigen Leben und glorreiche Freude mit Seinen Engeln.«

Abbas Zenon erzählte uns, daß er sich auf seinem Weg nach Palästina einmal unter einen Baum setzte, weil er von der Reise erschöpft war. Der Baum stand aber unmittelbar neben einem Feld reifer Gurken. In seinem Herzen plante er, aufzustehen und sich eine Gurke zu nehmen, um wieder zu Kräften zu kommen. Denn, so sagte er sich, es sei ja nicht schlimm, sich ein paar von diesen vielen Gurken zu nehmen. Doch in Gedanken antwortete er sich: »Wenn Diebe von Richtern verurteilt sind, werden sie der Folter übergeben. Ich sollte also prüfen, ob ich diese Foltern, die die Räuber erleiden müssen, ertragen kann.« Damit stand er auf und stellte sich fünf Tage lang direkt in die heiße Sonne und röstete seinen Körper. Danach sprach er in Gedanken zu sich: »Ich konnte diese Foltern nicht ertragen, deshalb sollte ich auch nicht stehlen, sondern der Sitte entsprechend mit meinen Händen arbeiten und von den Früchten meiner Arbeit leben. So steht es ja auch in den

Schriften*: ›Denn weil du von der Arbeit deiner Hände leben sollst, sollst du gesegnet sein, und es soll dir gutgehen.‹ Das ist es gewiß, was wir jeden Tag im Angesicht des Herrn singen!«

Die Altväter und alle Mönche, die in der Wüste Sketis wohnten, versammelten sich einmal und kamen überein, daß Abbas Isaak zum Priester geweiht werden und der Kirche an jenem einsamen Ort dienen sollte, an dem die Mönche, die in der Wüste lebten, zu bestimmten Tagen und Stunden zum Gottesdienst zusammenkamen. Doch als Abbas Isaak diesen Beschluß hörte, floh er nach Ägypten und verbarg sich auf einem Feld in den Büschen, denn er hielt sich der Ehre der Priesterschaft für unwürdig. Eine große Anzahl von Mönchen verfolgte ihn, um ihn zu fangen. Gegen Abend ließen sie sich müde von der Reise auf demselben Feld zur Rast nieder. Mittlerweile war es Nacht geworden, und sie banden den Esel los, der ihr Gepäck getragen hatte, und ließen ihn grasen. Dabei kam der Esel an die Stelle, an der sich Abbas Isaak versteckt hatte. Bei Tagesanbruch suchten die Mönche nach dem Esel und fanden die Stelle, an der sich der alte Mann versteckt hielt. Sie staunten über dieses Wunder Gottes, fingen ihn und wollten ihn schon fesseln, um ihn als Gefangenen abzuführen. Aber der ehrwürdige Altvater ließ das nicht zu, sondern sagte: »Jetzt kann ich euch keinen Widerstand mehr leisten, denn vielleicht ist es ja tatsächlich der Wille Gottes, daß ich, obwohl ich unwürdig bin, zum Priester geweiht werden soll.«

* Psalm 128,2

Es waren einmal zwei Brüder, Mönche, die gemeinsam in einer Zelle lebten. Ihre Demut und Geduld wurden von vielen Vätern gepriesen. Ein Heiliger aber, der davon hörte, wollte sie prüfen, um zu sehen, ob sie wirklich echte und vollkommene Demut besaßen. Er besuchte sie also. Sie begrüßten ihn voller Freude, und alle gemeinsam sprachen sie wie üblich ihre Gebete und Psalmen. Dann verließ der Besucher die Zelle und entdeckte ihren kleinen Garten, in dem sie ihr Gemüse anpflanzten. Da griff er zu seinem Stock, stürmte in den Garten und zerstörte mit aller Kraft jede einzelne Pflanze, bis keine mehr übrig war. Die Brüder sahen das, sagten aber nichts dazu. Nicht einmal traurige oder besorgte Gesichter machten sie. Sie gingen zurück in die Zelle, beendeten ihre Vespergebete und erwiesen ihrem Gast Ehre mit den Worten: »Herr, wenn ihr möchtet, können wir den einen Kohl, der noch übrig ist, holen und kochen, denn es ist jetzt Zeit zum Essen.« Da fiel der Altvater vor ihnen nieder und sagte: »Ich danke meinem Gott, denn ich sehe, daß in euch der Heilige Geist wohnt.«

Ein Bruder fragte einmal einen Altvater: »Wäre es in Ordnung, wenn ich zwei Geldstücke für den Fall behielte, daß ich krank werde?« Der Altvater sah ihm an, daß er die Münzen gern behalten wollte, und sagte deshalb: »Behalte sie.« Der Bruder ging zurück in seine Zelle und fing an, mit seinen eigenen Gedanken zu ringen: »Ich frage mich, ob der Vater mir wirklich seinen Segen gegeben hat oder nicht?« Schließlich stand er auf, ging wieder zu dem Altvater zurück und fragte ihn: »In Gottes Namen, sage mir die Wahrheit! Denn ich bin wegen der zwei Geldstücke ganz durcheinander.« Der Altvater antwortete: »Ich sah deine

Gedanken und deinen Wunsch, sie zu behalten, und sagte deshalb, du kannst sie behalten. Es ist jedoch nicht gut, mehr zu haben, als wir für unseren Körper brauchen. Diese beiden Geldstücke sind deine Hoffnung. Angenommen, du verlierst sie, wird sich dann nicht Gott um dich kümmern? Überlasse die Sorge deshalb dem Herrn, denn Er wird sich um uns kümmern.«

Zwei Altväter lebten gemeinsam in einer Zelle und stritten sich nie. Einer sagte deshalb zum anderen: »Komm, wir wollen uns wenigstens einmal wie andere Menschen streiten.« Der andere sagte: »Ich weiß nicht, wie man es anfängt, sich zu streiten.« Darauf meinte der erste: »Ich werde diesen Ziegelstein zwischen uns legen. Dann behaupte ich: ›Er gehört mir!‹ Daraufhin mußt du erklären: ›Er gehört mir!‹ Das führt dann zu Streit und Kampf.« Sie legten also den Ziegelstein zwischen sich, und der eine sagte: »Er gehört mir!« woraufhin der andere erwiderte: »Ich glaube, er gehört mir!« Der erste sagte: »Er gehört nicht dir, sondern mir!« Da sagte der andere: »Nun, wenn er dir gehört, dann nimm ihn dir!« Sie schafften es einfach nicht, sich zu streiten.

Abbas Markos sagte einmal zu Abbas Arsenius: »Ist es nicht gut, nichts in seiner Zelle zu haben, das einem einfach nur Freude macht? Ich kannte zum Beispiel einmal einen Bruder, in dessen Zelle eine kleine Wildblume wuchs, und er riß sie mit der Wurzel aus.« »Nun«, sagte Abbas Arsenius, »das ist in Ordnung. Aber jeder sollte seinen eigenen spirituellen Weg gehen. Angenommen, jemand kann nicht ohne eine Blume leben, dann sollte er eine pflanzen.«

Einmal fragten sie Abbas Agathon: »Was ist wichtiger, körperliche Askese oder Wachsamkeit über den inneren Menschen?« Abbas Agathon antwortete: »Ein Mensch gleicht einem Baum. Seine körperlichen Werke sind wie die Blätter des Baumes, aber die innere Selbstbewachung gleicht den Früchten. Da außerdem geschrieben steht, daß ein Baum, der keine guten Früchte trägt, gefällt und ins Feuer geworfen werden soll, müssen wir gut auf diese Frucht, die Wachsamkeit des Geistes nämlich, achtgeben. Wir brauchen aber auch Blätter, um uns bedecken und schmücken zu können. Und das bedeutet: gute Werke mit Hilfe des Körpers ausführen.« Dieser Abbas Agathon war weise im Verstehen, unermüdlich bei seinen Werken und zu allem bereit. Er widmete sich voller Hingabe der Handarbeit und ging sparsam mit Essen und Kleidung um.

Derselbe Abbas Agathon sagte oft: »Selbst wenn ein wütender Mensch Tote wieder zum Leben erweckte, würde er Gott wegen seiner Wut nicht gefallen.«

Es gab einmal einen Altvater, der fünfzig Jahre lang heldenhaft gefastet hatte und behauptete: »Ich habe die Flammen der Lust, der Habgier und der Eitelkeit ausgelöscht.« Abbas Abraham hörte davon, ging zu ihm und fragte ihn:

»Hast du das wirklich gesagt?« »Ja!« antwortete er. Daraufhin sprach Abbas Abraham: »Angenommen, du kommst in deine Zelle, und da liegt eine Frau auf deiner Matte. Kannst du dann denken, daß sie keine Frau ist?« »Nein«, sagte er, »aber ich kann gegen meine Gedanken ankämpfen, so daß ich die Frau nicht anfasse.« Daraufhin sagte Abbas Abraham: »Du hast die Unzucht nicht abgetötet! Dieses Laster ist lebendig und nur gefesselt. Angenommen, du befindest dich auf einer Reise und siehst zwischen Steinen und Tonscherben ein Stück Gold. Ist das dann in deinen Gedanken dasselbe wie die Steine und Scherben?« »Nein«, antwortete er, »aber ich widerstehe meinen Gedanken und hebe es nicht auf!« Da sagte Abbas Abraham: »Siehst du! Das Laster ist lebendig, es ist nur gefesselt.« Dann sprach Abbas Abraham wieder: »Du hörst von zwei Brüdern, von denen der eine dich mag und gut über dich spricht, der andere dich haßt und Schlechtes über dich sagt. Wenn sie dich besuchen, begrüßt du dann beide gleich?« »Nein«, antwortete er, »aber ich quäle mich innerlich ab und versuche, zu dem, der mich haßt, ebenso nett zu sein wie zu dem anderen.« Abbas Abraham sagte: »Die Laster leben noch. Nur sind sie in den Heiligen bis zu einem gewissen Grad gefesselt.«

Am Anfang seiner Bekehrung kam Abbas Evagrius* zu einem Altvater und sagte: »Vater, sage mir etwas, das mich retten kann.« Der Altvater antwortete: »Wenn du gerettet

---

* Evagrius Ponticus war ein großer Mystiker und einer der gelehrtesten Männer der Wüste. Er war auch der Prinz der Origenisten in der Sketis. Seine Abhandlung über das Beten ist ein klassisches Werk, das die Überlieferung fälschlicherweise dem heiligen Nilus zuschreibt. Wir verstehen dieses »verbum« allerdings erst, wenn wir erkennen, daß Evagrius wahrscheinlich viel zu sagen hatte, als er in die Sketis kam.

werden möchtest, dann befolge die Regel: Wenn du jemanden besuchst, sprich erst, wenn du etwas gefragt wirst.« Evagrius war von diesem Ausspruch tief bewegt, machte im Angesicht des Vaters Bußübungen und stellte ihn dadurch zufrieden, daß er sagte: »Glaube mir, ich habe viele Bücher gelesen, doch nirgendwo solche Gelehrsamkeit gefunden.« Damit ging er fort und machte gewaltige Fortschritte.

Einmal kamen einige Altväter in die Sketis, unter ihnen Abbas Johannes der Kurze. Beim Essen stand einer der Priester, ein sehr bedeutender alter Mann, auf, um jedem einen kleinen Becher Wasser zu reichen, aber keiner außer Johannes dem Kurzen nahm ihn von ihm an. Die anderen waren erstaunt und fragten ihn später: »Wie kommt es, daß du, der Geringste unter uns, es dir erlaubt hast, die Dienste dieses berühmten alten Mannes anzunehmen?« Er antwortete: »Nun, wenn ich aufstehe und den Leuten Wasser zu trinken anbiete, dann freue ich mich, wenn sie es annehmen. Deshalb habe ich das Getränk angenommen, damit er belohnt würde und nicht traurig sei, weil niemand den Becher Wasser von ihm angenommen hatte.« Daraufhin bewunderten alle seine Besonnenheit.

Einmal saßen zwei Brüder mit Abbas Poimen zusammen, und einer lobte den anderen mit den Worten: »Er ist ein guter Bruder. Er haßt das Böse.« Abbas Poimen sagte: »Was meinst du damit – er haßt das Böse?« Da wußte der Bruder nicht, was er antworten sollte. Deshalb fragte er: »Sage mir, Vater, was bedeutet es, das Böse zu hassen?« Abbas erwiderte: »Ein Mensch haßt das Böse, wenn er seine eigenen Sünden haßt, jeden Bruder als Heiligen ansieht und ihn wie einen Heiligen liebt.«

Abbas Johannes sagte oft: »Wir haben eine leichte Last abgeworfen, nämlich uns selbst zu tadeln. Statt dessen haben wir eine schwere Last auf uns genommen, nämlich uns zu rechtfertigen und andere zu verurteilen.«

Einer der Altväter war mit seinen Körben fertig und hatte schon die Griffe daran befestigt, als er seinen Nachbarn sagen hörte: »Was soll ich nur tun? Der Markt macht gleich auf, und ich habe nichts, woraus ich Griffe für meine Körbe herstellen könnte.« Sofort ging der Altvater hinein, löste seine Griffe und gab sie dem Bruder mit den Worten: »Hier, ich brauche sie nicht. Nimm sie, und befestige sie an deinen Körben.« So achtete er in seiner Großzügigkeit darauf, daß das Werk seines Bruders beendet wurde, während sein eigenes unvollständig blieb.

Ein Altvater erklärte: »Wie eine Biene Honig produziert, wo sie auch hingeht, so kann auch ein Mönch, wo er auch hingeht, wenn er den Willen Gottes tut, immer die spirituelle Süße guter Taten erzeugen.«

Abbas Johannes sagte: »Ein Mönch sollte einem Mann gleichen, der unter einem Baum sitzt, aufschaut und alle möglichen Schlangen und wilden Tiere auf sich losstürmen sieht. Da er sie nicht alle bekämpfen kann, klettert er auf den Baum, um ihnen zu entkommen. Genau das sollte ein Mönch zu jeder Zeit tun. Wenn der Feind in ihm böse Gedanken weckt, sollte er im Gebet zu Gott fliehen, und er wird errettet werden.«

Abbas Moses erklärte: »Ein Mensch, der von anderen getrennt lebt, gleicht einer reifen Weintraube. Und ein Mensch, der in Gesellschaft anderer lebt, gleicht einer sauren Weintraube.«

Ein bedeutender Edelmann, den aber niemand erkannte, kam in die Sketis und brachte Gold mit. Er bat den Priester des Ortes, das Gold unter den Brüdern zu verteilen. Der Priester antwortete ihm: »Die Brüder brauchen so etwas nicht.« Der Edelmann bestand aber darauf und ließ ein Nein als Antwort nicht gelten. Er stellte den Korb mit den Goldstücken am Eingang der Kirche auf den Boden und sagte zu dem Priester: »Wer etwas haben will, kann es sich nehmen.« Aber niemand faßte das Gold an, einige schauten es nicht einmal an. Da sagte der Altvater zu dem Edelmann: »Der Herr hat deine Opfergabe akzeptiert. Geh nun, und gib das Gold den Armen.«

Abbas Mathoe sprach: »Besser leichte Arbeit, die eine lange Zeit dauert, als eine schwere Aufgabe, die schnell erledigt wird.«

Die Väter sagten oft: »Wenn in dem Ort der Wüste, in dem du wohnst, eine Versuchung auftaucht, verlasse den Ort nicht in der Zeit der Anfechtung. Denn wenn du dann fortgehst, dann wird, egal wo du hingehst, dieselbe Versuchung dort auf dich warten. Hab statt dessen Geduld, bis die Versuchung weggegangen ist, denn sonst schockierst du mit deinem Fortgehen die anderen, die in demselben Ort wohnen, und bringst sie in Bedrängnis.«

Abbas Zenon, der Schüler des Abbas Silvanos, erklärte: »Wohne nicht an einem berühmten Ort, und werde nicht Schüler eines berühmten Mannes. Und baue kein Fundament, wenn du dir eine Zelle errichtest.«

Einer der Altväter sagte: »Fliehe entweder so weit du kannst vor den Menschen, oder mache dich selbst auf viele Weise lächerlich, indem du über die Welt und die Menschen, die in ihr leben, lachst.«

Theophilos, seligen Gedenkens, Bischof von Alexandria, reiste in die Sketis, und die Brüder versammelten sich und sagten zu Abbas Pambo: »Richte ein paar Worte an den Bischof, damit seine Seele an diesem Ort geistig erbaut werde.« Abbas Pambo aber erwiderte: »Wenn er nicht durch mein Schweigen erbaut wird, besteht auch keine Hoffnung, daß er es durch meine Worte wird.«

Einer der Altväter sagte: »Ein Mönch sollte nicht danach fragen, wie jener handelt oder dieser lebt. Solche Fragen führen uns vom Gebet fort und bringen uns dazu, zu lästern und zu schwätzen. Nichts ist besser als Schweigen.«

Der heilige Makarios erklärte: »Dies ist die Wahrheit: Wenn ein Mönch Verachtung als Lob ansieht, Armut als Reichtum und Hunger als Festmahl, dann wird er niemals sterben.«

Zwei Brüder gingen einmal zu einem Altvater, der in der Sketis lebte. Der erste sagte: »Vater, ich habe das gesamte Alte und Neue Testament auswendig gelernt.« Der Altvater antwortete: »Du hast die Luft mit Worten erfüllt.« Der andere sagte: »Ich habe das Alte und das Neue Testament abgeschrieben und hebe es in meiner Zelle auf.« Zu diesem sprach der Altvater: »Du hast dein Fenster mit Pergament angefüllt. Kennt ihr denn nicht den, der gesagt hat: ›Das Königreich Gottes liegt nicht in Worten, sondern in der Kraft‹? Und weiter: ›Nicht jene, die das Gesetz hören, werden vor Gott gerechtfertigt, sondern jene, die es befolgen.‹« Daraufhin fragten sie ihn: »Was ist der Weg zur Erlösung?«

Und er erwiderte: »Weisheit beginnt mit der Furcht vor dem Herrn und Demut mit Geduld.«

Es heißt von einem berühmten Altvater in der Sketis: Immer, wenn die Brüder eine Zelle bauten, kam er voller Freude heraus, legte den Grundstein und ging nicht eher weg, als bis die Zelle fertig war. Einmal ging er hinaus, um eine Zelle zu bauen, aber er war wirklich sehr traurig. Die Brüder fragten ihn: »Warum bist du so traurig?« Er erwiderte: »Meine Söhne, die Sketis wird zerstört werden. Denn ich sah, daß ein Feuer in der Sketis angezündet wurde, und die Brüder zogen aus und erstickten es mit Palmzweigen. Wieder wurde das Feuer angezündet, und wieder schlugen sie Palmzweige ab und erstickten es. Aber beim dritten Mal brannte es, breitete sich auf die ganze Sketis aus und konnte nicht gelöscht werden. Deshalb bin ich voller Sorgen und traurig.«

Abbas Or ermahnte seine Schüler: »Achtet darauf, daß ihr niemals die Worte eines anderen mit in diese Zelle bringt.«

Abbas Moses sagte: »Ein Mann sollte seinem Begleiter gegenüber wie ein Toter sein, denn einem Freund zu sterben bedeutet, ihn nicht mehr zu beurteilen.«

Einige Brüder sagten zu Abbas Antonius: »Wir würden gern von dir einige Worte hören, durch die wir erlöst werden.« Aber Abbas Antonius entgegnete: »Ihr habt doch die Schriften gehört. Das sollte euch reichen.« Sie aber erwiderten: »Wir möchten auch etwas von dir hören, Vater.« Der Altvater antwortete: »Ihr habt gehört, daß der Herr gesagt hat: ›Wenn ein Mann dich auf die linke Backe schlägt, biete ihm auch die rechte dar.‹« Da sagten sie: »Das können wir nicht.« Er sprach: »Wenn ihr ihm nicht die andere hinhalten könnt, dann ertragt den ersten Schlag wenigstens geduldig.« Sie erwiderten: »Auch das schaffen wir nicht.« »Wenn ihr auch das nicht könnt«, antwortete er, »dann schlagt den anderen wenigstens nicht öfter, als ihr von ihm geschlagen werden wollt.« »Auch das können wir nicht«, sagten sie. Da wandte sich Abbas Antonius an seine Schüler: »Geht und kocht etwas für diese Brüder, denn sie sind schwach.« Schließlich sagte er zu ihnen: »Wenn ihr das nicht tun könnt, wie kann ich euch dann helfen? Dann kann ich nur noch beten.«

Ein Altvater erklärte: »Ein Mann, der seinen Tod vor Augen hat, überwindet zu jeder Zeit seine Feigheit.«

Ein Altvater wurde von einem Soldaten gefragt, ob Gott einem Sünder vergebe. Und er antwortete: »Sage mir, mein Lieber, wirst du deinen Mantel fortwerfen, wenn er zerrissen ist?« »Nein«, antwortete der Soldat. »Ich werde ihn flicken und wieder anziehen.« Da sprach der Altvater zu ihm: »Wenn du dich um deinen Mantel kümmerst, warum sollte dann Gott Seinem eigenen Ebenbild gegenüber nicht barmherzig sein?«

Einmal verließ Abbas Silvanos eine Zeitlang seine Zelle. Da versetzte sein Schüler Zacharias mit den anderen Brüdern den Gartenzaun und vergrößerte dadurch den Garten. Als der Abbas zurückkam und das sah, hob er sein Schaffell auf und wollte wieder gehen. Sie aber fielen ihm zu Füßen und baten ihn, ihnen zu sagen, warum er wieder gehen wolle. Der Altvater erwiderte: »Ich werde erst wieder in diese Zelle kommen, wenn ihr den Zaun wieder dorthin verlegt, wo er vorher war.« Das taten sie sofort, und er kam herein.

Es kamen zwei Brüder zu einem Altvater, dessen Gewohnheit es war, nicht jeden Tag zu essen. Als er aber die Brüder sah, lud er sie voller Freude ein, mit ihm zu essen, indem er sagte: »Fasten hat seinen Lohn. Wer aber aus Gastfreundschaft ißt, erfüllt zwei Gebote. Denn er läßt seinen eigenen Willen beiseite und erfrischt seine hungrigen Brüder.«

Sie machten es in der Sketis zur Regel, daß alle vor Ostern eine ganze Woche lang fasten sollten. Es geschah aber, daß in jener Woche einige Brüder aus Ägypten zu Abbas Moses kamen und er ihnen einen Gemüseeintopf kochte. Als sie den Rauch aus seiner Zelle aufsteigen sahen, riefen die

Geistlichen der Kirche der Sketis: »Seht! Moses bricht die Regel und kocht in seiner Zelle Essen. Wenn er kommt, werden wir ihn zur Rede stellen.« Doch als der Sabbat kam, erkannten die Geistlichen die große Heiligkeit des Abbas Moses, und sie sagten zu ihm: »O Abbas Moses, du hast zwar das Gebot der Menschen gebrochen, doch das Gebot Gottes befolgt.«

Ein Altvater sprach: »Betet inniglich, und ihr werdet sehr bald eure Gedanken zurechtrücken.«

Ein Bruder fragte Abbas Pambo: »Warum hindern mich die Teufel daran, meinem Nächsten Gutes zu tun?« Der Altvater antwortete ihm: »Sag doch so etwas nicht! Ist Gott etwa ein Lügner? Warum gibst du nicht einfach zu, daß du nicht barmherzig sein willst? Hat Gott nicht vor langer Zeit schon gesagt*: ›Ich habe euch die Kraft gegeben, Schlangen und Skorpione zu zertreten und alle Macht des Feindes‹? Warum zertrampelst du also nicht den bösen Geist?«

Abbas Pastor erklärte: »Bleibe nicht an einem Ort, an dem andere auf dich eifersüchtig sind, denn dort wirst du nicht wachsen.«

* Lukas 10,19.

Abbas Pastor sagte: »Wenn jemand etwas Schlechtes getan hat und es nicht leugnet, sondern sagt: ›Ich habe etwas falsch gemacht‹, dann rüge ihn nicht, denn damit zerstörst du die guten Vorsätze dieser Seele. Doch wenn du zu ihm sagst: ›Sei nicht traurig, Bruder, sondern paß in Zukunft auf‹, dann rüttelst du ihn auf, sein Leben zu ändern.«

Abbas Hyperechios sagte: »Ein Mönch, der seine Zunge nicht im Zaum halten kann, wenn er wütend ist, der kann auch das Laster der Lust nicht beherrschen.«

Der Erzbischof von Theophilos, seligen Gedenkens, sagte, als er im Sterben lag: »Du bist ein glücklicher Mann, Abbas Arsenius, denn du hast dir diese Stunde immer vor Augen gehalten.«

Als ein Mann Abbas Agathon bat, ein Geldgeschenk anzunehmen und für sich selbst zu verwenden, weigerte sich dieser mit den Worten: »Ich brauche es nicht, denn ich lebe von der Arbeit meiner Hände.« Doch als der andere ihm das Geschenk weiter anbot und sagte: »Nimm es doch wenigsten für die Bedürftigen«, da erwiderte Agathon: »Das würde mir doppelte Schande bringen, weil ich Geld annähme, ohne es zu brauchen, und weil ich mich der Eitelkeit schuldig machte, das Geld eines anderen zu verschenken.«

Der heilige Makarios erzählt von sich folgende Geschichte: »Als ich noch jung war und allein in meiner Zelle lebte, nahmen sie mich gegen meinen Willen mit und machten mich zum Geistlichen eines Dorfes. Da ich aber nicht dort bleiben wollte, floh ich in ein anderes Dorf, und ein Laie, der dort lebte, half mir, indem er meine Handarbeiten verkaufte. Da geschah es, daß ein junges Mädchen in Schwierigkeiten geriet und schwanger wurde. Und als ihre Eltern sie fragten, wer dafür verantwortlich war, sagte sie: ›Euer Einsiedler hat diese Sünde begangen.‹ Da kamen ihre Eltern, packten mich, hängten mir Töpfe um den Hals, führten mich so durch alle Straßen und schlugen und beleidigten mich, indem sie riefen: ›Dieser Mönch hat unsere Tochter vergewaltigt!‹ Und als sie mich mit ihren Stöcken schon fast zu Tode geprügelt hatten, sagte einer der alten Männer zu ihnen: ›Wie lange wollt ihr diesen fremden Mönch denn noch schlagen?‹ Aber als er ihnen folgte und voller Scham versuchte, sich um mich zu kümmern, da beleidigten sie ihn auch noch. Sie riefen: ›Begreifst du denn nicht, was dieser Mann, den du zu verteidigen versuchst, getan hat?‹ Und die Eltern des Mädchens versicherten: ›Wir werden ihn unter gar keinen Umständen laufenlassen, es sei denn, es ist für den Lebensunterhalt des Mädchens gesorgt und es verbürgt sich jemand für diesen Mann, falls er davonläuft.‹ Da gab ich dem alten Mann ein Zeichen, es zu tun, und er verbürgte sich für mich und führte mich fort. Als ich in meine Zelle zurückkam, gab ich ihm alle Körbe, die ich finden konnte, zum Verkaufen, damit ich für mich und meine Frau Essen beschaffen konnte. Und ich sagte mir: ›Nun, Makarios, jetzt hast du eine Frau bekommen. Du wirst nun härter arbeiten müssen, um auch sie ernähren zu können.‹ Ich arbeitete also Tag und Nacht, um für ihren Lebensunterhalt zu sorgen. Aber als die Zeit für das arme Ding kam, wurde sie mehrere Tage lang furchtbar von Wehen gequält und konnte das Kind nicht gebären. Als sie deshalb befragt wurde, antwortete sie: ›Ich habe die Schandtat dem Einsiedler in die Schuhe geschoben, aber er ist unschuldig. Denn der Mann von nebenan hat mich in diese Verfassung gebracht.‹ Da war der, der mir geholfen hatte, überglücklich und kam zu mir, um mir das alles zu erzählen, und er bat mich, allen zu vergeben. Als ich das hörte, befürchtete ich, daß die Leute jetzt kommen und mich belästigen würden. Also ging ich schnell fort und bin an diesen Ort gekommen. Aus diesem Grunde also bin ich in diesen Teil der Welt gekommen.«

Spirit

  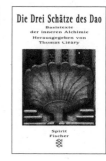

Taisha Abelar
Die Zauberin
Die magische Reise
einer Frau auf dem
toltekischen Weg
des Wissens
Band 13304

Meher Baba
**Darlegungen über
das Leben in Liebe
und Wahrheit**
Die Unterweisun-
gen eines universel-
len Weisheitslehrers
Band 13209

Stephen Batchelor
**Buddhismus für
Ungläubige**
Band 14026

Mojdeh Bayat
Mohammad Ali
Jamnia
**Geschichten aus
dem Land der Sufis**
Band 13966

Perle Besserman
**Der versteckte
Garten**
Die Kabbala als
Quelle spiritueller
Unterweisung
Band 13013

P. Besserman (Hg.)
**Früchte vom
Baum des Lebens**
Die Weisheit der
jüdischen Mystik
Band 13027

Jerry Braza
**Achtsamkeit –
leben im
Augenblick**
Band 14253

Thomas Cleary (Hg.)
Dhammapada
Die Quintessenz
der Buddha-Lehre
Band 13156
**Die Drei Schätze
des Dao**
Basistexte der
inneren Alchimie
Band 12899

Mark Epstein
**Gedanken ohne
den Denker**
Das Wechselspiel
von Buddhismus
und Psychotherapie
Band 14252

David Fontana
**Kursbuch
Meditation**
Die verschiedenen
Meditationstechni-
ken und ihre
Anwendung
Band 13098

Fischer Taschenbuch Verlag

Spirit

Matthew Fox
**Freundschaft
mit dem Leben**
Die vier Pfade
der Schöpfungs-
spiritualität
Band 14016

Meister Hakuin
Authentisches Zen
N. Waddell (Hg.)
Band 13333

William Hart
**Die Kunst
des Lebens**
Vipassana-
Meditation nach
S. N. Goenka
Band 12991

Huang-po
Der Geist des Zen
Band 13256

Sheldon Kopp
**Anfang und Ende
sind eins**
Band 13824

Arnold Kotler (Hg.)
Mitgefühl leben
Engagierter
Buddhismus heute
Band 14256

Jiddu Krishnamurti
**Über Leben
und Sterben**
Reflexion über die
Letzten Dinge
Band 13656

John Daido Loori
**Hat ein Hund
Buddha-Natur?**
Die Kōan-
Praxis im Zen
Band 13019

Erika Lorenz
**Praxis der
Kontemplation**
Die Weisungen der
klassischen Mystik
Band 13115

Th. E. Mails (Hg.)
**Ich singe mein
Lied für Donner,
Wind und Wolken**
Das Leben
von Fools Crow
Band 13032

Fischer Taschenbuch Verlag

fi 2090 / 6 b

Spirit

Thomas Merton
**Die Weisheit
der Wüste**
Band 14255

Maura O'Halloran
**Im Herzen
der Stille**
Aufzeichnungen
einer Zen-Schülerin
Band 13822

Raimon Panikkar
Gottes Schweigen
Die Antwort
des Buddha für
unsere Zeit
Band 13273

Ravi Ravindra
**Mystisches
Christentum**
Band 13029

Jalāluddīn Rūmī
**Die Sonne
von Tabriz**
Gedichte,
Aphorismen und
Lehrgeschichten
des großen Sufi-
Meisters
Band 13243

**Innenansichten der
großen Religionen**
Buddhismus -
Christentum -
Daoismus -
Hinduismus -
Islam - Judentum -
Konfuzianismus
Herausgegeben von
Arwind Sharma
Band 13142

Raymond Smullyan
Das Tao ist Stille
Band 13588

Chögyam Trungpa
**Die Insel des
JETZT im
Strom der Zeit**
Bardo-Erfahrungen
im Buddhismus
Band 13823

Yeshe Tsogyal
**Der Lotosge-
borene im Land
des Schnees**
Wie Padma-
sambhava den
Buddhismus nach
Tibet brachte
Band 12975

H. G. Türstig (Hg.)
**Die Weisheit der
Upanischaden**
Klassiker indischer
Spiritualität
Band 12896

Fischer Taschenbuch Verlag

fi 2090 / 5 c

Spirit

Llewellyn
Vaughan-Lee
**Transformation
des Herzens**
Die Lehren
der Sufis
Band 14257

Llewellyn
Vaughan-Lee (Hg.)
**Die Karawane
der Derwische**
Die Lehren der
großen Sufi-Meister
Band 13208

Roger N. Walsh
**Der Geist des
Schamanismus**
Band 14079

Tenzin Wangyal
**Der kurze Weg
zur Erleuchtung**
Dzogehen-Medita-
tion nach den Bön-
Lehren Tibets
Band 13233

Sylvia Wetzel
**Das Herz
des Lotos**
Frauen und
Buddhismus
Band 14254

C. Whitmyer (Hg.)
Arbeit als Weg
Buddhistische
Reflexionen von
Robert Aitken,
Thich Nhat Hanh,
Shunryu Suzuki,
Tarthang Tulku u. a.
Band 13022

Ken Wilber
**Halbzeit
der Evolution**
Der Mensch auf
dem Weg vom
animalischen
zum kosmischen
Bewußtsein
Band 13210
**Eine kurze
Geschichte
des Kosmos**
Band 13397

(Hg.) Ken Wilber
Bruce Ecker
Dick Anthony
**Meister, Gurus,
Menschenfänger**
Über die Integrität
spiritueller Wege
Band 13825

Fischer Taschenbuch Verlag

fi 2090 / 1 d

Taisha Abelar

Die Zauberin

Die magische Reise einer Frau auf dem
Yaqui-Weg des Wissens

Mit einem Vorwort von Carlos Castaneda

Einzig berechtigte Übersetzung aus dem Englischen
von Jochen Eggert

Band 13304

Auf der Suche nach neuem Lebenssinn und innerer Freiheit
durchstreift die junge Taisha den Südwesten der USA. Ange-
zogen von der inneren Kraft und magischen Ausstrahlung einer
Frau, deren nur scheinbar »zufällige« Bekanntschaft sie macht,
stolpert sie, ohne es zunächst zu ahnen, in *das* Abenteuer ihres
Lebens hinein...Sie gerät in den Bannkreis von Menschen, die
sich als Eingeweihte einer uralten indianischen Weisheitstradi-
tion erweisen, die in Arizona und Mexiko noch lebendig ist.
Es ist eben jener Kreis von Suchern und Meistern unter der
geistigen Führung des Yaqui-Zauberers Don Juan, den auch
Carlos Castaneda in seinen Büchern schildert. Mit Hilfe eines
körperlichen und mentalen Trainings, das ihren ganzen Mut
und Einsatz erfordert, wird Taisha von ihren Lehrmeistern auf
den Yaqui-Weg des Wissens geführt. Dabei lernt sie, die ver-
schütteten Quellen ihrer tiefsten weiblichen Kräfte wieder zu
erschließen. Ihr Bericht über die Stadien des Weges der weisen
Frauen gibt uns Einblick in noch wenig bekannte Möglichkeiten
der menschlichen Erfahrung.

Fischer Taschenbuch Verlag

Stephen Batchelor

Buddhismus für Ungläubige

Aus dem Amerikanischen von
Jochen Eggert

Band 14026

Batchelor zeigt in diesem Buch, daß der Buddhismus nicht etwas
ist, woran man »glauben« soll oder muß, sondern daß er praktische Anleitung zu einem achtsameren und mitfühlenderen
Denken und Handeln ist, welches den Menschen dazu führt,
authentischer im Hier und Jetzt zu leben. Dazu ist kein Bezug
auf »überweltliche Wahrheiten« nötig, kein Glaube an Wieder-
geburt und andere Kategorien der fernöstlichen Religionen, die
nicht zum Kern des Buddhismus, sondern zu seinem kulturellen
Überbau gehören. Er stützt seine Erläuterungen ab mit An-
leitungen zu grundlegenden Meditationsübungen, die den
Nachvollzug der Lehren in eigener Erfahrung ermöglichen.

Fischer Taschenbuch Verlag

Sheldon Kopp

Anfang und Ende sind eins

Aus dem Amerikanischen von Hans Sartorius

Band 13824

Was Sheldon Kopp in seinem Buch beschreibt, sind die Spannungen, die das menschliche Leben ausmachen, die ständigen Bewegungen zwischen Suchen und Finden und die schmerzhaften, aber lebendigen Prozesse, die diese Wandlungen immer begleiten. *Anfang und Ende sind eins* ist ein sehr persönliches Buch, das durch seine unverstellte Offenheit und Klarheit dem Leser die Möglichkeit bietet, nicht nur Kopps Entwicklung zu begreifen, sondern sie auch in sich selbst zu spiegeln. Sheldon Kopp beschreibt die Chancen und Krisen auf dem Weg zur Entdeckung unseres wahren Ichs; er zeigt die Notwendigkeit, unsere Eigenheit, unsere Besonderheit anzuerkennen, damit wir die höhere Macht in uns finden, und er öffnet die Tür zum »Nachhausekommen«, wenn sich die Dinge für uns endlich klären.

Fischer Taschenbuch Verlag

fi 5108 / 3

Llewellyn Vaughan-Lee

Transformation des Herzens

Die Lehren der Sufis

Aus dem Amerikanischen von
Franziska Espinoza

Band 14257

Llewellyn Vaughan-Lee legt hier eine Einführung in Theorie
und meditative Praxis des Sufismus für moderne westliche Leser vor. In Kapiteln, die durchsetzt sind mit inspirierenden
Zitaten aus der spirituellen Literatur des Orients, erläutert der
Autor die Entstehung und Geschichte des Sufismus, seine Entwicklung bis hin zur Verbreitung im heutigen Westen, seine me-
ditativen Praktiken und ihr Ziel. Dabei zieht er Parallelen vom
sufischen Verständnis der inneren Entwicklung zur westlichen
Psychologie Jungscher Prägung. Solche Parallelen gibt es besonders im Bereich der Traumarbeit, der Arbeit mit dem »Schat-
ten« sowie den weiblichen und männlichen Komponenten in jedem Menschen (Anima/Animus, Ying/Yang). So wird deutlich,
das Sufismus nicht nur etwas ist, das in alter Zeit von orientalischen Weisen praktiziert wurde: Es ist ein spiritueller Weg der
inneren Entwicklung, der für Menschen in unserer heutigen
westlichen Gesellschaft gangbar und praktikabel ist.

Fischer Taschenbuch Verlag

Ken Wilber

Eine kurze Geschichte des Kosmos

Aus dem Amerikanischen von
Clemens Wilhelm

Band 13397

Woher kommen wir? Wohin gehen wir? Was ist meine Stellung
im Universum? Welche Aufgabe hat der Mensch über die Be-
friedigung seiner individuellen Bedürfnisse hinaus? Das sind
uralte Fragen des Menschen, die dennoch in jeder Epoche neu
gestellt und beantwortet werden müssen. An der Schwelle zu
einem neuen Jahrtausend steht die Menschheit vor der Heraus-
forderung, ihre Rolle im Kosmos neu zu definieren, wenn sie
und ihr Heimatplanet Erde eine Zukunft haben sollen. Wilbers
Kurze Geschichte des Kosmos beschreibt den Verlauf der Evolution als fortschreitende Entfaltung des Geistes, von der Mate-
rie (dem Universum) zum Leben (der Biosphäre), zum menschlichen Bewußtsein, und ihre Ausrichtung auf einen Zustand,
in dem der kosmische Geist sich im Menschen seiner selbst
bewußt wird. Die Dynamik des ›Woher‹ weist auch die Richtung des ›Wohin‹ – in einem Fahrplan der Evolution, wie er so
umfassend und doch konzis bisher noch nicht vorgelegt wurde.

Fischer Taschenbuch Verlag

fi 5106 / 3

Cantong Qi

Das Dao der Unsterblichkeit

Erstmals aus dem Chinesischen übersetzt und
kommentiert von Richard Bertschinger

429 Seiten. Geb.

Seit der Mensch sich seiner Sterblichkeit bewußt wurde, hat er
nach Wegen gesucht, das »Ewige Leben« zu erlangen, und die
Alchimie versuchte mit ihrem Forschen nach dem Elixier der
Unsterblichkeit, diesen Menschheitstraum zu verwirklichen.
Das *Cantong Qi* ist das weltweit erste Buch über die Herstel-
lung des Elixiers der Unsterblichkeit überhaupt und in seiner
Weisheit und Poesie dem *Daodejing* und dem *I Ging* vergleich-
bar. Die hier erstmals vorgelegte Übersetzung des chinesischen
Klassikers aus dem 2. Jahrhundert enthält die Grundlagen der
daoistischen inneren Alchimie, die die Basis der chinesischen
Medizin und solcher Formen der Energiearbeit wie Qigong,
Tai-chi, Kungfu etc. ist. Zudem wird einem westlichen Pub-
likum zum ersten Mal der direkte Zugang zu den geheimen Me-
ditationsmethoden der Daoisten und damit auch zu jener Wis-
senschaft von der Umwandlung niederer psychischer Energien,
die den Menschen an seinen physischen Körper und dessen
unvermeidlichen Tod fesseln, ermöglicht.

Wolfgang Krüger Verlag

Kenneth Cohen

Qigong

Grundlagen, Methoden, Anwendung

Aus dem Amerikanischen von
Dagmar Ahrens-Thiele und Konrad Dietzfelbinger

640 Seiten. Geb.

Unter dem Oberbegriff Qigong (wörtlich: mit der Lebensenergie arbeiten) werden vielfältige Übungssysteme zusammengefaßt, deren Gemeinsamkeit die Stärkung der Lebenskraft ist. Sie dienen somit der generellen Gesunderhaltung und Kräftigung, der Vorbeugung und der Behandlung von Krankheiten und der Linderung von Schmerzen sowie der psychischen Stabilisierung und Förderung der spirituellen Entwicklung. Beim üben von Qigong geben wir durch Körperhaltungen, Vorstellungskraft und Bewegungen Impulse und Signale an unseren Organismus und beeinflussen damit unsere Körperfunktionen und unseren Geist. Richtig verstanden ist Qigong Körper- und Geisteskultur zugleich. Cohen erläutert in diesem Standardwerk nicht nur die Praxis des Qigong, sondern erklärt auch auf verständliche und ausführliche Weise die theoretischen Grundlagen des Qigong sowie Wege zu seinem Verständnis aus westlicher, naturwissenschaftlicher, medizinischer und bioenergetischer Sicht. Ein komplettes Übungsprogramm, das es jedem ermöglicht, Qigong in den Alltag zu integrieren, runden dieses umfassende Qigong-Buch ab.

Wolfgang Krüger Verlag